DER SCHWARZE

IN DER WEISSEN WELT

A.O.M. Fobellah

EDITIONS DE MIDI

DER SCHWARZE
IN DER WEISSEN WELT

A. O. M. Fobellah

Bibliografische Information der Deutschen Nationalbibliothek: Die Deutsche Nationalbibliothek verzeichnet diese Publikation in der Deutschen Nationalbibliografie; detaillierte bibliografische Daten sind im Internet über dnb.dnb.de abrufbar.

Bewertungen

Bohmarth Bewertungen | E-Mail: bohmarthsreviews@yahoo.com | Tel: (+237) 678265392

Haftungsausschluss

Dieses Buch ist ein Werk der Fiktion. Namen, Personen, Orte und Begebenheiten sind frei erfunden oder werden fiktiv verwendet. Jede Ähnlichkeit mit tatsächlichen Ereignissen oder Personen, ob lebend oder tot, ist rein zufällig.

Deutsche Erstausgabe
© 2025, A. O. M. Fobellah, Schweiz
aom.fobellah@gmail.com | Telefon: +4176 240 25 49
Titel der englischen Origianalausgabe: «The Back Man in the White World», Amazon
Lektorat: Editions de Midi, Yaoundé, Kamerun
Übersetzung: Flurina Borer
Layout: Rahel Scherbauer
Titelbild: Ayuk Cedric Agbor Tataw
Verlag: BoD · Books on Demand GmbH, In de Tarpen 42, 22848 Norderstedt, bod@bod.de
Druck: Libri Plureos GmbH, Friedensallee 273, 22763 Hamburg
ISBN: 978-3-8448-0719-6

Inhalt

Danksagung

Am Ende des Buches *Der Schwarze in der weissen Welt* denke ich mit grosser Freude an die unglaublichen Menschen, die mich auf meinem Weg unterstützt und inspiriert haben. Dieses Buch ist nicht nur ein Zeugnis meiner Erfahrungen, sondern ein Tribut an die kollektive Stärke, Weisheit und Liebe derer, die mich begleitet haben.

Zuallererst möchte ich Justice Daddy Fobellah von ganzem Herzen danken. Deine unerschütterliche Unterstützung und dein Glaube an mein Potenzial waren ein Eckpfeiler auf meinem Weg. Deine Führung und Ermutigung haben mich dazu befähigt, Höhen zu erreichen, die ich nie für möglich gehalten hätte.

Meinem Onkel Ojong, einem der besten Schriftsteller Kameruns, verdanke ich, dass dein literarisches Können und deine Leidenschaft für das Erzählen von Geschichten mein eigenes Schreiben tiefgreifend beeinflusst haben. Dein Werk war ein Leuchtturm, der mir den Weg wies und mich inspirierte, nach Spitzenleistungen zu streben.

Meinem Bruder Clinton, Rosa und der Familie Allenspach, eure Liebe und Ermutigung waren unerschütterlich. Ihr wart meine Anker und habt mir die Stabilität und Unterstützung gegeben, die ich brauchte, um die Herausforderungen zu meistern und die Triumphe zu feiern.

Mama Dearson, dein fürsorglicher Geist und deine endlose Unterstützung waren eine Quelle des Trostes und der Stärke. Mein Bruder Dr. Nkeng, deine Weisheit und Führung waren von unschätzbarem Wert und dein Einsatz für unsere Familie wird sehr geschätzt.

An meine Schwester Abetoh, deine Unverwüstlichkeit und Stärke haben mich immer inspiriert. Belle, Beri und Blessing, euer unerschütterlicher Glaube an mich war eine Quelle immenser Motivation. Die Familie Ayuk Ofonde und Roidny, eure Unterstützung war ein Grundstein auf meinem Weg und ich bin dankbar für eure ständige Präsenz in meinem Leben.

Clifford, deine unermüdliche Unterstützung und dein Mentoring in der Schweiz waren von unschätzbarem Wert. Danke, dass du immer für mich da warst.

An meine sehr guten Freunde JR, Poker, Meli und PK, Lum, Fritz, G-Unit, Polio, G boy, Benzema, Martin, Dave, Clovis, Kum, Percy, Pascal Mega. Big Cliff, Hills, Isaac, Emma Latte Lath und Musah. Cedrick, Frank und viele andere, eure Freundschaft war eine Quelle der Freude und der Kraft. Die Momente, die wir miteinander geteilt haben, waren ein Beweis für die

Kraft der Kameradschaft und die Bedeutung eines starken Unterstützungssystems.

Ein besonderer Dank gilt Tania, die an mich geglaubt hat und mir eine grosse Hilfe war. Ihre Ermutigung und Unterstützung haben massgeblich zu meinem Wachstum und Erfolg beigetragen. Meinem verstorbenen Onkel, dessen Vermächtnis mich jeden Tag aufs Neue inspiriert und dessen Andenken ich in allem, was ich tue, zu ehren versuche.

Ich muss auch Flu, einer der einflussreichsten Personen in meinem Leben, meine tiefe Dankbarkeit aussprechen. Deine unerschütterliche Unterstützung und Weisheit waren eine ständige Quelle der Inspiration. Du hast immer das Potenzial in mir gesehen, selbst wenn ich an mir selbst gezweifelt habe, und deine Führung hat meinen Charakter auf unzählige Arten geprägt.

Lawrence Zigi, dein Weg aus den kleinen Dörfern Ghanas zu einem der besten Torhüter in der Schweizer Super League ist ein Beweis für die Kraft, Träume trotz aller Widrigkeiten zu verfolgen. Deine Geschichte ist eine Inspiration für mich und viele andere, denn sie zeigt, dass mit Entschlossenheit und Beharrlichkeit alles möglich ist.

Schliesslich möchte ich all jenen danken, die mich auf grosse und kleine Weise unterstützt haben, einschliesslich «THE BOYS». Ich bin zutiefst dankbar. Dieses

Buch gehört ebenso sehr euch wie mir. Jeder von euch hat auf einzigartige und bedeutungsvolle Weise zu meiner Reise beigetragen und ich stehe für immer in der Schuld eurer Freundlichkeit, Liebe und Unterstützung. Ich möchte diese Gelegenheit nutzen, um euch allen aus tiefstem Herzen zu danken. Euer Glaube an mich war eine treibende Kraft und ich fühle mich geehrt, euch als Teil meines Lebens zu haben. Gemeinsam haben wir die Komplexität des Lebens als schwarzer Mann in einer weissen Welt gemeistert und gemeinsam werden wir auch weiterhin nach einer Zukunft streben, in der unsere Träume und Bestrebungen keine Grenzen kennen.

Danke, dass ihr mich auf meinem Weg begleitet habt, dass ihr an mich geglaubt habt und dass ihr mir geholfen habt, die Person zu werden, die ich heute bin.

Schliesslich möchte ich Gott, dessen Führung und Gnade all dies möglich gemacht haben, meinen tiefsten Dank aussprechen. Sein Segen hat mich auf dieser Reise gestärkt und inspiriert.

Ein herzliches Dankeschön an mich selbst, Fobellah Marvist Ofonde Adonial, für mein Engagement und meine Beharrlichkeit beim Schreiben dieses Buches *Der Schwarze in der weissen Welt*. Dieses Werk ist ein Zeugnis für die Unverwüstlichkeit, den Mut und die Träume, die uns vorantreiben.

Ich danke euch allen, dass ihr an dieser unglaublichen Reise teilgenommen habt.

Vorwort

Der Schwarze in der weissen Welt ist eine gut abgestimmte, chronologische Erzählung, die die verschiedenen Ebenen von Fobellahs Leiden schildert. Die Schnappschüsse fangen eine breite Palette von Themen ein, die in dem Sinne aktuell sind, dass jeder begeisterte Leser etwas Relevantes als Botschaft mit nach Hause nehmen kann. Im Rahmen der autobiografischen Erzählung gelingt es dem Erzähler des Autors, auf bemerkenswerte Weise einen facettenreichen Strang menschlicher Erfahrungen an ihren geselligsten Orten zu erforschen und offenzulegen. Von der Erziehung bis zum Sport schildert der Erzähler die Macht des Wortes mit exquisiter Kenntnis der Seelenlage. Jede erfasste Erfahrung ist nicht nur für den Sprecher, sondern für die gesamte Menschheit von Bedeutung. Diese ausgefeilte Historizität der Fakten in einer epochalen Zeit gibt Raum für einen Schritt ins Management, in die Diplomatie sowie in die transnationalen Bürger innerhalb der Internationalität des Westens. Indem der Erzähler Anleihen bei der Geschichte macht, versetzt er das Publikum in einer Passage nach Südafrika mit brandaktuellen Informationen über Mandelas Bestreben, eine rassenblinde

«Regenbogennation» zu schaffen. Die ausgewählten Erinnerungsausschnitte, die der Autor dem Leser vorlegt, sind explizit und erinnern an einen Schriftsteller, der zur Freude des Publikums entsprechende Aufnahmen macht. Geschrieben in acht grossen Kapiteln mit exklusiven Erkenntnissen und mit einer Tendenz zu einer globalen Ethik, wird dieses Buch zweifellos zu einem Dokument von öffentlichem Interesse. Dies ist ein *liber omnibus temporibus*, ein Buch für alle Zeiten.

Eyong-Tiku Eyong-Ewubhe, PhD, *Postkoloniale Studien*

Einführung

In unserer heutigen Welt stehen wir vor zahlreichen Herausforderungen, die sich aus unserer unterschiedlichen Herkunft und der Art und Weise, wie wir miteinander umgehen, ergeben. Dieses Buch will diese Herausforderungen und die Veränderungen, die die Menschen von Generation zu Generation durchliefen, erforschen. Es geht der Frage nach, wie unsere Ideen, unser Wissen und unser kultureller Austausch die Gesellschaften, in denen wir leben, oft auf tiefgreifende Weise prägen. Das Ziel dieses Buches ist es, das Verständnis und die Einheit zwischen den Menschen zu fördern und eine bessere Zukunft für alle zu schaffen. Der Titel ist eine Reflexion meiner persönlichen Reise als braunhäutiger Mensch, der in einem europäischen Land lebt. Er beschreibt mein Leben von einer kleinen Stadt zu einer der grossartigsten Städte, die ich je gekannt habe.

In einer Welt, in der rassistische Dynamiken tief in den gesellschaftlichen Strukturen verwurzelt sind, ist die Reise eines schwarzen Individuums, das sich in einer überwiegend weissen Gesellschaft zurechtfindet, sowohl einzigartig als auch eine Herausforderung. *Der Schwarze in der weissen Welt* ist eine persönliche Erzählung und eine breitere gesellschaftliche Analyse, die diese Erfahrungen beleuchten soll. Mit diesem Buch möchte ich die Komplexität von Identität, kulturellem Erbe und Widerstandsfähigkeit vor dem Hintergrund historischer und aktueller Themen erkunden.

In diesem Buch geht es nicht nur um meine Reise, sondern um die kollektive Erfahrung vieler, die einen ähnlichen Weg gehen. Es ist ein Zeugnis für die Stärke und Ausdauer, die man braucht, um sein kulturelles Erbe und seine persönliche Identität inmitten des gesellschaftlichen Drucks zu bewahren. Indem ich persönliche Anekdoten mit einer breiteren gesellschaftlichen Analyse verwebe, hoffe ich, ein tieferes Verständnis für diese Herausforderungen zu fördern und zu sinnvollen Veränderungen anzuregen.

Warte nicht, der Zeitpunkt wird nie

«genau richtig» sein.

Beginne dort, wo du stehst.

Napoleon Hill

KAPITEL 1

Wurzeln und Erinnerungen

In Buea, einer kleinen Stadt am Fusse des Kamerun-Berges, wuchs ich auf, umgeben von üppigen grünen Feldern, dem Gesang der Vögel in der Morgendämmerung und dem Anblick der Sonne, die hinter den fernen Hügeln unterging. Diese frühen Jahre waren von einem starken Gefühl der Identität und der Verwurzelung geprägt, bei dem jeder eine Rolle zu spielen hatte und jeder Tag ein Geflecht aus gemeinsamen Erfahrungen und Anstrengungen war. In Buea begann meine Geschichte. Das üppige Grün der Stadt, ihre reiche Geschichte und lebendige Kultur boten einen idyllischen Rahmen für meine Kindheit. Buea war mehr als nur ein Ort; es war eine Gemeinschaft, die meine frühen Jahre prägte und mir ein tiefes Gefühl der Zugehörigkeit vermittelte.

Als ich in Buea aufwuchs, waren meine Tage gefüllt mit dem Anblick, Geräuschen und Gerüchen eines Ortes, der sowohl vertraut als auch bezaubernd war. Der Gemeinschaftsgeist war spürbar. Mit Nachbarn, die sich beim Namen kannten und Traditionen, die uns miteinander verbanden. Von den geschäftigen lokalen Märkten bis hin zu den ruhigen Landschaften, die uns umgaben, war Buea eine Oase des kulturellen Reichtums und der natürlichen Schönheit. Die Besuche bei meinen Grosseltern in Nguti waren ein wichtiger Teil meiner Kindheit. Nguti, ein Dorf, das sich wie eine Welt entfernt vom regen Treiben Bueas anfühlte, war ein Ort, an dem Einfachheit und Freude nahtlos ineinander übergingen. Meine Grosseltern stammten ursprünglich aus Binda, einem anderen malerischen Dorf, und fügten unserer Familiengeschichte Schichten von Geschichte und Tradition hinzu. Diese Reisen waren mehr als nur Ferien; sie waren Pilgerfahrten zu unseren Wurzeln. In Nguti fand ich eine andere Art von Glück. Ein Glück, das aus der Einfachheit des Dorflebens kam. Die Verbundenheit mit dem Land und den Rhythmen der Natur war tiefgreifend. Hier lernte ich die Werte von harter Arbeit, Gemeinschaft und die Freude an einfachen Vergnügungen kennen.

In Nguti war jeder Tag ein Abenteuer. Das Dorfleben stand in krassem Gegensatz zu den strukturierten Abläufen in der Stadt. Wir verbrachten unsere Tage damit, die Natur um uns herum zu erkunden. Der Fluss, ein zentraler Bestandteil unseres Lebens, war sowohl Spielplatz als auch Nahrungsquelle. Wir schwammen in seinem kühlen Wasser, fischten nach unseren

Mahlzeiten und genossen die Freiheit, die er uns bot. Die Arbeit auf der Farm war ein weiterer fester Bestandteil unserer Tage. Wir lernten die Felder zu pflügen, Pflanzen zu setzen und Fallen für wilde Tiere aufzustellen. Diese Tätigkeiten waren nicht nur Routinearbeit, sondern auch eine wertvolle Lektion in Selbstversorgung und Respekt vor dem Land. Das abendliche Hühnereinfangen war zwar scheinbar banal, aber ein wichtiger Teil des Dorflebens, der uns Verantwortungsbewusstsein und die Sorge für unser Vieh lehrte.

Eine meiner schönsten Erinnerungen ist das Klettern auf Bäume, um Guaven und Mangos zu ernten. Der Nervenkitzel, auf die Äste zu klettern, nach den reifen Früchten zu greifen und den süssen Geschmack unserer Bemühungen zu geniessen, war unvergleichlich. Diese einfachen Vergnügungen waren ein wichtiger Teil unserer Kindheit und förderten eine tiefe Verbundenheit mit der Natur. Wenn die Dämmerung hereinbrach, versammelten wir uns, um Glühwürmchen zu fangen. Unser Lachen und unsere Lieder, vor allem «Twinkle, twinkle little star», erfüllten die Luft, während wir diese magischen Geschöpfe bestaunten. Diese Momente voller Unschuld und Staunen waren ein Zeugnis für die einfachen Freuden der Kindheit.

Die Abende im Dorf waren für das Geschichtenerzählen reserviert. Meine Grossmutter, Mami Ndum, eine meisterhafte Geschichtenerzählerin, fesselte uns mit alten Erzählungen. Eine Geschichte ist mir besonders im Gedächtnis geblieben. Es war eine Geschichte über die Ursprünge des Feuers und einen mutigen Jäger, der dieses Geschenk zu unseren Vorfahren brachte. «Vor langer Zeit», so begann meine Grossmutter, «lebten unsere Vorfahren in einer Zeit, in der das Feuer ein unbekanntes Wesen war. Sie ernährten sich hauptsächlich vegetarisch und wenn sie in seltenen Fällen Tiere fingen, verzehrten sie diese roh. Es war eine Zeit, in der es an Wärme und gekochten Speisen mangelte. Ein Luxus der ihnen unbekannt war. Das Leben war schwierig und das Fehlen eines Feuers erschwerte ihren Alltag zusätzlich. Es gab ein Dorf namens Akak, dessen Bewohner das Feuer entdeckt hatten. Diese übernatürliche Fähigkeit, sich das Feuer zunutze zu machen, zeichnete sie aus und ermöglichte es ihnen, zu kochen und Mahlzeiten zuzubereiten. Die Menschen von Akak waren klar im Vorteil, denn das Feuer ermöglichte ihnen, gekochte Speisen und Wärme zu geniessen. Die Jagd war in Akak ein Privileg und eine hoch geschätzte Fähigkeit, da sie ihre Fähigkeiten zum Feuermachen ergänzte.» Sie fuhr mit der Geschichte fort: «Ein erfahrener Jäger aus unserem Dorf, getrieben von Neugier und dem Wunsch, das Leben seines Volkes zu verbessern, wagte sich nach Akak. Er war fasziniert von ihrem Umgang mit dem

Feuer und der Veränderung, die es für ihre Lebensweise mit sich brachte. Entschlossen, diese Gabe in sein eigenes Dorf zu bringen, schmiedete er einen Plan, um das Feuer zu stehlen.»

In einer schicksalhaften Nacht gelang es dem Jäger, ein brennendes Stück Holz zu stehlen und in sein Dorf zu fliehen. Seine Rückkehr wurde mit Jubel begrüsst; er wurde als Held gefeiert, weil er ein so alltagsveränderndes Geschenk mitgebracht hatte. Die Einführung des Feuers brachte unseren Vorfahren Wärme, gekochtes Essen und eine neue Lebensweise. Es war ein Wendepunkt, der die Lebensqualität verbesserte und die gemeinschaftlichen Bande stärkte. Die Bewohner von Akak waren jedoch über den Diebstahl verärgert. Sie schickten eine schöne, bezaubernde Frau in unser Dorf, die eine Herausforderung vorschlug: Derjenige, der einen Pfeil in die Mitte einer Zielscheibe schiessen konnte, die sie hatte, sollte sie heiraten. Viele versuchten es und scheiterten, bis der Jäger, der das Feuer gestohlen hatte, es versuchte – und es gelang. Was er nicht wusste, war, dass die Frau eine Hexe war, die sich rächen wollte. Der Jäger, der ihre wahre Natur nicht kannte, heiratete die Frau. Doch schon bald offenbarte sie ihre finsteren Absichten. Nachts verwandelte sie sich in eine furchterregende Kreatur, aber die Hunde des Jägers warnten ihn stets und verhinderten, dass sie ihm Schaden zufügte.

Nach zwei Wochen erfolgloser Versuche schlug sie ihm vor, ihr Dorf zu besuchen. Der Jäger, der darauf bestand, seine Hunde mitzubringen, wurde abgewiesen. Widerstrebend willigte er ein, sie zurückzulassen.

Auf ihrer Reise zeigte die Frau ihre wahre Gestalt und der Jäger musste auf einen Baum klettern, um zu entkommen. Während sie den Baum fällte, sang er ein Schutzlied, das bewirkte, dass sich jeder Baum an einen anderen anlehnte und so seinen Sturz verhinderte. Seine Hunde, die sein Lied hörten, kamen ihm zu Hilfe und griffen die Hexe an, so dass er entkommen konnte.» Diese lehrreiche Geschichte unterstreicht die Bedeutung von Vertrauen, Selbstvertrauen und den Wert von Kameradschaft. Sie lehrte uns, vorsichtig zu sein, auf unsere Instinkte zu vertrauen und die Unterstützung derer zu erkennen, die sich wirklich um uns kümmern. Diese Lektionen, die in meinem Gedächtnis verankert sind, haben mich mein ganzes Leben lang begleitet. Die moralische Lektion der Geschichte war klar: Wo immer du hingehst, musst du deinen Instinkten vertrauen und wachsam bleiben. Wahre Liebe und Loyalität zeigen sich durch Taten. Und diejenigen, denen du wichtig bist, werden dir immer zu Hilfe kommen. Diese Geschichte, eine der Lieblingsgeschichten meiner Grossmutter, hat mich mein ganzes Leben lang als Leitmotiv begleitet.

Buea, eine Stadt in Kamerun, war eine der schönsten Städte des Landes. Und dort aufzuwachsen war eine Erfahrung voller Charme und Wunder. In der Nähe von Limbe liegend, waren diese beiden Städte wie fröhliche Nachbarn, die sich gegenseitig mit ihren einzigartigen Eigenschaften ergänzten. Limbe mit seiner malerischen Küste bot eine herrliche Brise und ein ausgeprägtes Aroma des Meeres, das sich mit der Wärme der Sonne vermischte. Diese Kombination schuf eine Atmosphäre, die sowohl belebend als auch entspannend war. Im Gegensatz dazu wurde Buea von der überragenden Präsenz des Kamerun-Berges umarmt und war für seine üppigen, grünen Wälder bekannt. Die Tierwelt in und um Buea war schlichtweg spektakulär und erinnerte uns ständig an die Grösse der Natur und das Geheimnis Gottes, der sie geschaffen hat. Die Nähe der Stadt zu den Bergen verlieh ihr ein unvergleichliches Element von Abenteuer und natürlicher Schönheit. Diese lebendige Umgebung war in meiner Kindheit eine Quelle endloser Entdeckungen und Freude.

Die Gastfreundschaft der Menschen in Buea war einer der grössten Schätze der Stadt. Die Herzlichkeit und Offenheit der Gemeinschaft machten sie zu einem Ort echter Verbundenheit und Kameradschaft. Die einfachen Genüsse des Strassenessens mit den Verkäufern, die köstliche lokale Delikatessen anboten, schufen ein

Geflecht von Geschmäckern und Aromen, nach denen ich mich immer noch sehne. Der Anblick der gelben Taxis, die durch die Strassen eilten und deren Fahrgäste sich die Fahrten teilten, zeugte von dem Gemeinschaftsgeist der Stadt. Auch die Gegensätzlichkeit der Atmosphäre in Buea war bemerkenswert. Die Stille der Nacht bot einen friedlichen Rückzugsort, eine Zeit der Besinnung und Ruhe. Tagsüber war die Stadt voller Energie und die Strassen waren erfüllt von den Geräuschen des täglichen Lebens. Dieser Kontrast zwischen den ruhigen Nächten und den lebhaften Tagen machte Buea zu einem ausserordentlich dynamischen Ort zum Leben. Im Grunde war Buea eine Stadt der Kontraste und der Harmonie, in der die natürliche Schönheit der Berge auf die Herzlichkeit der Menschen traf. Es war ein Ort, an dem die ruhigen Nächte und die geschäftigen Tage jeweils ihren eigenen Charme hatten und ein ausgewogenes und bereicherndes Umfeld schufen. Die Erinnerungen an die atemberaubenden Landschaften, die gastfreundliche Gemeinschaft und das pulsierende Alltagsleben in Buea haben sich in mein Herz eingebrannt und gehören zu den wertvollsten Aspekten meines Aufwachsens. Die Rückkehr nach Buea nach unseren Abenteuern im Dorf war immer eine Freude. Das Leben in Buea war auf seine eigene Weise schön und voller einzigartiger Erfahrungen und Lektionen. Im

Gegensatz zu den Erzählabenden in Nguti war unsere Zeit in Buea mehr vom Lesen geprägt. Insbesondere vom Lesen der Bibel. Meine Mutter brachte uns das Beten bei und vermittelte uns die Werte des Glaubens und der Familie. Unsere Familienstruktur war stark und unterstützend; wir kümmerten uns umeinander und waren immer füreinander da.

Als ich in der malerischen Stadt Buea aufwuchs, drehten sich einige meiner schönsten Erinnerungen um spielerische Eskapaden mit meinem kleinen Bruder Clinton und unserem Freund JR. Als Jungen gingen unsere Spiele oft in die Richtung von Raufereien, aber sie waren von einer ungekünstelten, ungefilterten Freude erfüllt. Eine unserer Lieblingsbeschäftigungen war ein altes Fahrradrad, an dem jeder von uns mit der Inbrunst, die nur die Kindheit hervorbringen kann, aus verschiedenen Winkeln zerrte. Unser treuer Hund, Champion, schien den aufziehenden Sturm immer zu spüren. Wann immer unser Spiel zu aggressiv wurde, griff Champion ein. Er drängte sich zwischen uns und bellte, als wolle er sagen: «Genug ist genug!» Wenn seine anfängliche Warnung nicht ausreichte, schnappte er sich das Rad und flüchtete, wobei wir ihn lachend verfolgten. Champions Kapriolen waren eine Quelle endloser Belustigung, aber sie enthielten auch eine tiefere Lektion. In diesen Momenten entschärfte seine einfache

Handlung, das Rad zu entfernen, unsere Konflikte und erinnerte uns daran, dass die wahre Lösung eines Problems oft in der Beseitigung seiner Ursache liegt. Wir lernten diese Momente zu schätzen und suchten absichtlich das Rad auf, um unseren vierbeinigen Vermittler in Aktion zu sehen. Als wir älter wurden, verwandelte sich der Humor dieser Kindheitsspiele in eine tiefgreifende Erkenntnis: Bei echter Führung geht es nicht darum, Schuld zuzuweisen, sondern darum, das eigentliche Problem zu erkennen und zu lösen.

Ähnlich wie Champion müssen effektive Führungskräfte über die oberflächlichen Spannungen hinausgehen und die zugrunde liegenden Probleme finden. Indem sie die Ursache angehen, können sie Konflikte auflösen und Einigkeit fördern. Die instinktive Weisheit von Champion unterstreicht einen wichtigen Führungsgrundsatz: Es geht nicht darum, mit dem Finger auf andere zu zeigen, sondern darum, Probleme zu erkennen und Lösungen zu erarbeiten. In der heutigen Welt, in der Differenzen in den Beziehungen oft zu Streit führen, ist dieser Ansatz wichtiger denn je. Wie Champion uns gelehrt hat, liegt die Essenz einer effektiven Führung darin, das Problem zu verstehen und es aus der Gleichung zu entfernen, um so den Weg für Harmonie und Zusammenarbeit zu ebnen. Ich besuchte die Katholische Schule, Buea Station (CS, Buea Station), um meine Grundschulausbildung zu absolvieren. Diese Periode meines Lebens war besonders denkwürdig wegen meiner engen Freundschaft mit Banyong, den wir liebevoll JR nannten. Mit der Zeit wurde JR mehr als nur ein Freund. Er war wie ein Bruder für mich. Unsere gemeinsamen Erlebnisse in Buea und unsere Besuche in den Dörfern festigten eine tiefe und dauerhafte Bindung. JR und ich versuchten, ein Stück unserer Dorfabenteuer zurück nach Buea zu bringen. Wir legten einen kleinen Garten an, in dem wir Mais anpflanzten und eifrig sein Wachstum beobachteten. Diese Tätigkeit verband uns nicht nur mit dem Land, sondern liess uns auch die Einfachheit und Zufriedenheit unseres Dorflebens wieder aufleben. Wir bauten auch einen behelfsmässigen Zoo für Kleintiere, in dem wir Eidechsen, Chamäleons und Schmetterlinge unterbrachten. Die Beobachtung dieser Tiere faszinierte uns unendlich und vermittelte uns eine tiefere Wertschätzung für die Natur.

Fussball war ein weiterer wichtiger Teil unserer Kindheit. Wir spielten mit Freunden wie Benzema, Deco, Mofema, Martin, Poker, Pires, Centy jr., Dady und meinem Bruder Clinton. Diese Spiele waren mehr als nur Spass; sie waren eine Möglichkeit für uns, Kameradschaft zu pflegen und aktiv zu bleiben. Das Wetter in Buea, das abends oft neblig war, verlieh unseren

Spielen ein geheimnisvolles und aufregendes Element. Manchmal war der Nebel so dicht, dass wir weder den Ball noch einander sehen konnten, bis wir nah dran waren, was zu vielen amüsanten und denkwürdigen Momenten führte. Meine Sekundarschulausbildung am St. Joseph College Sasse war einschneidend. Sasse war nicht nur eine Schule, sondern ein Ort, an dem wir unschätzbare Lektionen fürs Leben lernten, die unseren Charakter und unsere Zukunft prägten. Die Ausbildung, die wir erhielten, ging über den akademischen Bereich hinaus. Sie umfasste auch den Respekt vor der Gesellschaft, die Rechte der Frauen, das Sprechen in der Öffentlichkeit und die Körperpflege. Uns wurde beigebracht, unsere Betten zu machen, auf Sauberkeit zu achten und Disziplin zu wahren. Bei Sasse war die Förderung durch einen Mentor ein wesentlicher Bestandteil unserer Ausbildung. Als ältere Schüler waren wir dafür verantwortlich, jüngere Schüler anzuleiten und sicherzustellen, dass sie sich gut kleideten und die Schulregeln einhielten. Dieses System förderte den Sinn für Verantwortung und Führung und lehrte uns, für andere zu sorgen und mit gutem Beispiel voranzugehen. Sasse vermittelte uns die Werte von Mut und Widerstandsfähigkeit. Wir wurden ermutigt, Herausforderungen anzunehmen und uns zu bemühen, einen positiven Einfluss auf die Welt zu nehmen. Bei der Schulphilosophie ging es nicht nur um akademische Spitzenleistungen, sondern auch um die Entwicklung unseres körperlichen, geistigen und emotionalen Wohlbefindens. Wir wurden zu zukünftigen Führungspersönlichkeiten erzogen, die in der Lage sind, einen Beitrag zur Verbesserung Kameruns und Afrikas insgesamt zu leisten.

Ausserschulische Aktivitäten, insbesondere Fussball, spielten eine entscheidende Rolle in unserer Entwicklung. Viele von uns wollten sich im Sport auszeichnen und die Disziplin und Teamarbeit, die wir auf dem Spielfeld lernten, übertrugen sich auf andere Bereiche unseres Lebens. Der Fussball lehrte uns die Bedeutung von Ausdauer, strategischem Denken und Zusammenarbeit. Der Einfluss von Sasse auf unser Leben kann gar nicht hoch genug eingeschätzt werden. Die Lektionen, die wir gelernt haben und die Werte, die uns eingeflösst wurden, sind uns geblieben und haben unser Handeln und unsere Entscheidungen noch lange nach dem Verlassen der Schule bestimmt. Wir sagen oft, dass wir nicht nur durch Sasse gegangen sind, sondern dass Sasse durch uns gegangen ist. Heute tragen wir die Fahne der Lehren von Sasse, wohin wir auch gehen, und bemühen uns, die Welt zu einem besseren Ort zu machen. Die Erziehung und die Erfahrungen von Sasse beeinflussen uns weiterhin und formen uns zu dem, was wir sind und was wir im Leben erreichen wollen.

Die Begleitung durch einen Mentor in Sasse spielte eine entscheidende Rolle bei der Gestaltung unserer prägenden Jahre. Ich erinnere mich lebhaft an Njuzi, der sich für viele von uns als bemerkenswerter Mentor erwies und der uns sogar noch während unserer Studienzeit begleitete. Njuzi war nicht nur ein Mentor, sondern auch ein Leuchtturm der Weisheit und des richtigen Verhaltens. Er vermittelte uns unschätzbare Lebenskompetenzen. Von der angemessenen Kleidung über den respektvollen Umgang mit Menschen bis hin zum Verständnis für die Feinheiten sozialer Interaktionen. So zum Beispiel zu wissen, wann man in Gegenwart Älterer sprechen und wann man zuhören sollte.

Njuzis Unterricht ging über blosse Etikette hinaus. Er zeigte uns die Bedeutung kultureller Praktiken, wie den richtigen Umgang mit Besteck und die Bedeutung des anständigen Essens. Dabei betonte er, dass man niemals auf der Strasse essen sollte. Diese kleinen, aber wichtigen Lektionen haben unser Verhalten und unsere Einstellung entscheidend geprägt. Njuzi war zwar eine herausragende Persönlichkeit, aber wir hatten auch mehrere andere Mentoren. Er war jedoch zweifellos eine der wichtigsten Persönlichkeiten, zu denen wir während unserer Zeit in Sasse aufblickten. Sein Einfluss war tiefgreifend und hat die Art und Weise, wie wir uns verhalten und durchs Leben gehen, nachhaltig geprägt.

Sein Mentorat vermittelte uns ein starkes Fundament an Werten und Prinzipien, die uns auch heute noch leiten.

Man muss es nicht sehen, um es zu glauben. Alles, was du im Leben brauchst, wenn du auf deine Träume hinarbeitest, ist, daran zu glauben.

A. O. M. Fobellah

KAPITEL 2

Studienzeit

Der Besuch des Pan African Institute of Buea markierte einen bedeutenden Übergang in meinem Leben. Der Abschluss in Human Resource Management eröffnete mir neue Herausforderungen und Möglichkeiten. Das universitäre Umfeld unterschied sich erheblich von meinen früheren Bildungserfahrungen und bot eine lebendige Mischung aus Kulturen und Ideen, die meinen Blickwinkel erweiterten. Das Studium des Human Resource Management war sowohl anspruchsvoll als auch lohnend. Der Lehrplan war so konzipiert, dass er uns auf die Komplexität des Managements von Humankapital in verschiedenen organisatorischen Umfeldern vorbereitete. Uns wurden wichtige Fähigkeiten wie Diplomatie, Führung und effektive Kommunikation vermittelt. Unsere Verantwortung als Personalmanager zu verstehen, zu lernen, wie man Mitarbeiter mit Respekt und Fairness behandelt und eine positive Arbeitsplatzkultur zu fördern, waren zentrale Themen unserer Ausbildung.

Unsere Professoren betonten die Bedeutung von Empathie und ethischem Verhalten in der Personalpraxis. Wir nahmen an verschiedenen Simulationen und Rollenspielen teil, um unsere Fähigkeiten zur Problemlösung und Konfliktbewältigung zu verbessern. Diese Erfahrungen gaben uns das nötige Rüstzeug, um die Herausforderungen der Unternehmenswelt zu meistern. Einer der bereicherndsten Aspekte meines Universitätslebens war die Möglichkeit, mit Studenten aus ganz Afrika in Kontakt zu treten. Durch das Zusammentreffen mit Kommilitonen aus Kenia, Nigeria, Südafrika, Simbabwe und anderen Ländern lernte ich eine Fülle von Kulturen und Sprachen kennen. Diese Vielfalt war eine Quelle endloser Faszination und des Lernens. Bei gemeinsamen Mahlzeiten und Gesprächen mit meinen Klassenkameraden lernte ich neue Küchen und Bräuche kennen. Ich schnappte ein paar Brocken Suaheli und andere Sprachen auf, was meine Wertschätzung für das reiche kulturelle Erbe des Kontinents vertiefte. Diese Interaktionen förderten ein Gefühl der Einheit und Solidarität unter uns und unterstrichen die wunderbare Vielfalt Afrikas.

Das Universitätsleben bestand nicht nur aus akademischen Dingen. Wir haben uns oft körperlichen Herausforderungen und Abenteuern gestellt, die uns zusammenbrachten. Ein solches Abenteuer war der Besuch des Kamerunbergs nach seinen Vulkanausbrüchen. Die Beobachtung der Lavaströme und der Folgen der Eruptionen war eine von Demut erfüllte und ehr-furchtgebietende Erfahrung. Auf diesen Reisen konn-ten wir nicht nur die natürliche Schönheit unserer Um-gebung geniessen, sondern auch unsere Freundschaft stärken.

Während meiner Zeit am Pan African Institute habe ich viele wichtige Beziehungen geknüpft. Eine Freund-schaft, die besonders hervorsticht, ist die mit Polio. Von dem Moment an, als wir uns trafen, hatten wir eine Ver-bindung, die sich zu einer menschlichen Gemeinschaft entwickelte. Polio war ein grossartiger Gefährte und ge-meinsam haben wir die Höhen und Tiefen des Univer-sitätslebens gemeistert. Wir spielten auch Fussball in der Schulmannschaft, was uns viel Freude und Kame-radschaft bescherte. Durch den Sport lernten wir die Werte Teamwork, Hingabe und Ausdauer kennen. Die-se Erfahrungen bereicherten unser Universitätsleben und boten einen willkommenen Ausgleich zu unserem akademischen Streben. Das Universitätsleben brachte auch seinen Anteil an Trauer mit sich. Wir erlebten ei-nen tragischen Verlust, als einer unserer Mannschafts-kameraden aus der Fussballmannschaft der Schule ver-starb. Sein Tod war für uns alle ein tiefer Schock und erinnerte uns eindringlich daran, wie zerbrechlich das Leben ist. Es war eine schwierige Zeit und wir kamen zusammen, um uns gegenseitig in unserer Trauer zu unterstützen. Der Verlust lehrte uns, wie wichtig es ist, jeden Augenblick zu geniessen und die Menschen in unserem Leben zu schätzen. Er bestärkte uns in der Notwendigkeit, das Leben in vollen Zügen zu geniessen und die Bindungen zu schätzen, die wir auf unserem Weg eingehen. Während wir den Tod unseres Freundes betrauerten, feierten wir auch sein Leben und den Einfluss, den er auf uns hatte. Die Erinnerung an ihn bleibt eine ergreifende Erinnerung an die Vergänglichkeit des Lebens und den bleibenden Wert der Freundschaft.

Wenn ich zurückblicke, war meine Zeit am Pan African Institute of Buea eine Zeit des immensen Wachstums und der Entdeckung. Die akademischen Herausforderungen, der kulturelle Austausch und die persönlichen Erfahrungen haben alle dazu beigetragen, mich zu dem zu machen, was ich heute bin. Die Universität bot eine Plattform für das Lernen. Nicht nur im Klassenzimmer, sondern in jeder Interaktion und jedem Abenteuer. Diese Jahre waren für die Entwicklung meiner beruflichen Fähigkeiten und persönlichen Werte von grundlegender Bedeutung. Sie lehrten mich die Bedeutung von Empathie, Belastbarkeit und die Kraft der Gemeinschaft. Die Freundschaften, die ich geschlossen habe und die Lektionen, die ich gelernt habe, beeinflussen mich auch weiterhin auf meinem Weg und leiten mich sowohl in meiner Karriere als auch in meinem Privatleben.

In vielen Diskussionen über Afrika, sowohl innerhalb des Kontinents als auch in den Diasporagemeinschaften, kommt häufig das Thema Führung zur Sprache – häufig begleitet von Korruptionsvorwürfen. Auch wenn an diesen Vorwürfen etwas Wahres dran ist, stellen sie doch nur einen Teil eines viel komplexeren Bildes dar. Um die Herausforderungen zu verstehen, mit denen afrikanische Führungskräfte konfrontiert sind, muss man den soziokulturellen und historischen Kontext berücksichtigen, aus dem diese Führungskräfte hervorgehen. Die Wurzeln von Afrikas Führungsproblemen reichen über die blosse Korruption hinaus. Ein wichtiger Faktor ist die weit verbreitete Unwissenheit und das mangelnde Selbstbewusstsein vieler Führungskräfte. Historisch gesehen hat der Kolonialismus die traditionellen Strukturen zerstört und fremde Regierungssysteme eingeführt, die nicht immer mit den einheimischen Praktiken übereinstimmten. Diese Abkopplung von ihren Wurzeln hat dazu beigetragen, dass es vielen Führern an einer kohärenten nationalen Identität und Vision mangelt. Darüber hinaus können die gesellschaftlichen Werte, die den materiellen Erfolg in den Vordergrund stellen – wie das Auto, das man fährt, die Menschen, die man kennt und die Beziehungen, die man hat –, die tieferen, wichtigeren Qualitäten von

Führungskräften wie Integrität, Empathie und Engagement für das Gemeinwohl überschatten.

In vielen afrikanischen Gesellschaften ist Respekt oft oberflächlich mit Status und Reichtum verbunden. Diese falsche Betonung kann zu Stolz und Respektlosigkeit führen und ein toxisches Umfeld schaffen, in dem die Führungspersönlichkeiten mehr damit beschäftigt sind, ihr Image zu pflegen, als ihrem Volk zu dienen. Echte Führung sollte über diese oberflächlichen Merkmale hinausgehen und sich auf das Wohlergehen und die Entwicklung der Nation als Ganzes konzentrieren. Trotz dieser Herausforderungen gibt es auf dem Kontinent auch positive Beispiele für Führung. Ruanda hat unter der Führung von Präsident Paul Kagame seit dem Völkermord im Jahr 1994 erhebliche Fortschritte bei der wirtschaftlichen Entwicklung, der Staatsführung und den sozialen Reformen gemacht. Das Land hat der Versöhnung, der Bildung und dem technologischen Fortschritt Priorität eingeräumt und sich zu einem der stabilsten und wohlhabendsten Länder Afrikas entwickelt. Auch Ghana hat sich unter verschiedenen Regierungen als vielversprechend erwiesen und sich auf gute Regierungsführung, Wirtschaftsreformen und soziale Entwicklung konzentriert. Diese Beispiele zeigen, dass eine effektive Führung in Afrika nicht nur möglich ist, sondern in einigen Bereichen auch bereits stattfindet. Damit sich solche Fortschritte jedoch durchsetzen können, ist ein grundlegender Wandel in der Führungsmentalität erforderlich. Die Führungspersönlichkeiten müssen die Bedürfnisse ihres Volkes über den persönlichen Vorteil stellen. Das bedeutet, dass sie sich auf die Menschenrechte konzentrieren, solide Institutionen schaffen und eine Kultur der Rechenschaftspflicht und Transparenz fördern müssen.

Ein entscheidender Schritt auf dem Weg zu einer besseren Führung ist die Bildung. Die Aufklärung, sowohl der Bevölkerung als auch der Führungspersönlichkeiten selbst, ist unerlässlich. Die Öffentlichkeit muss ihre Rechte und Pflichten verstehen, mehr von ihren Führungskräften verlangen und sie zur Verantwortung ziehen. Die Führungspersönlichkeiten wiederum müssen kontinuierlich über gute Regierungsführung, ethische Führung und die Bedeutung eines auf den Menschen ausgerichteten Ansatzes aufgeklärt werden. Gemeinsame Anstrengungen von Bürgern und Führungskräften können den Weg für sinnvolle Veränderungen ebnen. Die Bürger sollten sich mit ihren Führungspersönlichkeiten auseinandersetzen, ihnen konstruktives Feedback geben und mit ihnen zusammenarbeiten, um ihre Gemeinden zu verbessern. Diese Partnerschaft kann den Führungskräften helfen, die tatsächlichen Bedürfnisse und Wünsche ihrer Bürger zu verstehen und einen integrativeren und reaktionsfreudigeren Regierungsstil zu fördern.

Darüber hinaus ist es von entscheidender Bedeutung, dass die Führungskräfte Fehler machen und daraus lernen dürfen. Führung ist eine Reise und Perfektion ist keine Voraussetzung. Indem wir Führungskräften den Raum geben, zu wachsen, sich weiterzuentwickeln und indem wir sie bei ihren Fehlern unterstützen, können wir dazu beitragen, eine neue Generation von Führungskräften heranzuziehen, die den Bedürfnissen der Menschen und den Anforderungen einer effektiven Regierungsführung besser gerecht wird. In Botswana beispielsweise hat die Führung stets den Schwerpunkt auf gute Regierungsführung und nachhaltige Entwicklung gelegt. Die Führer des Landes haben sich auf den Aufbau starker Institutionen, die Aufrechterhaltung einer stabilen Demokratie und die Gewährleistung einer breiten Verteilung der Vorteile des Wirtschaftswachstums konzentriert. Dieser Ansatz hat zu Botswanas Ruf als eines der stabilsten und wohlhabendsten Länder Afrikas beigetragen. Die Verbesserung der Führungsqualität in Afrika erfordert einen vielschichtigen Ansatz, der die Ursachen der aktuellen Herausforderungen angeht. Indem wir das Selbstbewusstsein fördern, der Bildung Vorrang einräumen und die Zusammenarbeit zwischen

Führungskräften und Bürgern unterstützen, können wir ein Umfeld schaffen, in dem ethische und effektive Führung gedeihen kann. Dieser Wandel wird sich nicht über Nacht vollziehen. Aber mit beharrlichen Bemühungen und einer gemeinsamen Vision für die Zukunft kann Afrika weiterhin Führungskräfte hervorbringen, die in der Lage sind, den Kontinent in eine hellere, wohlhabendere Zukunft zu führen. Der Weg dorthin ist komplex, aber mit Engagement und gemeinsamen Anstrengungen ist ein sinnvoller Wandel in greifbare Nähe gerückt.

Einer der transformativen Aspekte meiner Reise war die Erkenntnis, welch tiefgreifende Auswirkungen körperliche Fitness auf mein allgemeines Wohlbefinden hat. Diese Entdeckung machte ich während meiner Studienzeit, insbesondere durch meine Erfahrungen im Fifth Builders Gym. Das Fifth Builders Gym war nicht nur ein Ort um zu trainieren, sondern wurde zu einer Gemeinschaft – einer menschlichen Gemeinschaft, die die Fitnessziele und die psychische Belastbarkeit der anderen unterstützte. Im Fifth Builders Gym ging es nicht nur darum, Gewichte zu stemmen oder auf Laufbändern zu laufen. Es war ein Zufluchtsort, an dem die Kameradschaft gedieh. Ich erinnere mich noch gut daran, wie ich morgens um 6 Uhr aufstand, um meinen Bruder Clinton und meinen Arbeitskollegen Dinga zu treffen.

Unsere Routine war diszipliniert und belebend. Wir trainierten gemeinsam und motivierten uns gegenseitig bei jedem Satz und jeder Übung.

Unser Zeitplan war straff, aber lohnend. Wir begannen mit einer einstündigen Trainingseinheit von 6:30 bis 7:30 Uhr, die uns auf den bevorstehenden Tag einstimmte. Nach dem Besuch der Universitätskurse trafen wir uns in der Mittagspause zu einem weiteren 30-minütigen Training. Am Abend, von 19:30 bis 20 Uhr, kehrten wir für eine letzte Trainingseinheit ins Fitnessstudio zurück. Diese Routine stärkte nicht nur unseren Körper, sondern förderte auch unsere Disziplin und Belastbarkeit. Durch die konsequente körperliche Betätigung habe ich unschätzbare Lektionen fürs Leben gelernt. Fitness lehrte mich die Bedeutung von Durchhaltevermögen, Disziplin und geistiger Stärke. Es wurde zu einer Art Therapie – eine Möglichkeit, Stress zu bekämpfen und inmitten der Herausforderungen des Lebens eine gesunde Einstellung zu bewahren. Das Fitnessstudio war mehr als nur ein Ort, um Muskeln aufzubauen; es war ein Zufluchtsort, an dem wir unser körperliches und geistiges Wohlbefinden pflegten. Wenn ich über meine Erfahrungen nachdenke, glaube ich, dass Fitness eine einzigartige Form der Therapie ist, insbesondere in Regionen, in denen die traditionellen Ressourcen für psychische Gesundheit knapp sind. In vielen afrikanischen Gemeinschaften ist das Konzept der Therapie nicht allgemein bekannt oder zugänglich. Die unterstützende Umgebung des Fitnessstudios vermittelte jedoch ein ähnliches Gefühl von Gemeinschaft und Sicherheit. Es bestärkte den Gedanken, dass sich die körperliche Pflege positiv auf die psychische Gesundheit und die allgemeine Lebenszufriedenheit auswirken kann.

In afrikanischen Kulturen spielen die Familie und die Gemeinschaft eine entscheidende Rolle bei der Bereitstellung emotionaler Unterstützung. Auch wenn Therapien weniger üblich sind, dienen die starken sozialen Bindungen innerhalb von Familien und Gemeinschaften oft als Sicherheitsnetz. Dieses gemeinschaftliche Unterstützungssystem fördert die Widerstandsfähigkeit und trägt zu persönlichem Wachstum und Wohlbefinden bei. Die Erfahrung im Fitnessstudio hat mir ein Gefühl von Selbstvertrauen und Widerstandsfähigkeit vermittelt. Es hat mich gelehrt, der Selbstfürsorge Priorität einzuräumen und Herausforderungen mit Entschlossenheit anzugehen, anstatt Ausreden zu suchen. Die Disziplin und Ausdauer, die im Fitnessbereich erforderlich sind, übertrug sich auf andere Bereiche meines Lebens und befähigte mich, meine Ziele mit Überzeugung zu verfolgen. Insgesamt war das Fitnessprogramm im Fifth Builders Gym ein entscheidender

Aspekt meiner persönlichen Entwicklung. Es hat nicht nur meinen Körper gestärkt, sondern auch meinen Geist und meine Seele bereichert. Die Lektionen, die ich gelernt habe – Disziplin, Widerstandsfähigkeit und die Bedeutung der Selbstfürsorge – prägen nach wie vor meine Einstellung zum Leben. Durch Fitness entdeckte ich eine tiefe Verbindung zwischen körperlicher Gesundheit und geistigem Wohlbefinden, was dessen universelle Bedeutung für ein erfülltes Leben unterstreicht. Das Verlassen der Universität und der Eintritt in die Berufswelt in Douala, der wirtschaftlichen Hauptstadt Kameruns, war eine transformative Erfahrung. Douala mit seiner pulsierenden Energie und seinen belebten Strassen bot sowohl schöne Möglichkeiten als auch herausfordernde Realitäten. Es war eine Stadt der Kontraste, in der die Verheissungen des beruflichen Wachstums mit den Komplexitäten des städtischen Lebens koexistierten.

Einer der angenehmsten Aspekte meines Übergangs nach Douala war das Zusammenleben mit JR – meinem besten Freund seit der Grundschule. Unsere Bindung hatte sich im Laufe der Jahre nur noch verstärkt und sich von einer Freundschaft zu einer Bruderschaft entwickelt. Die gemeinsame Wohnung mit JR machte den Umzug nach Douala viel einfacher. Unsere gemeinsame Geschichte und unser gegenseitiges Verständnis bildeten eine solide Grundlage, die es uns erleichterte, die Realitäten einer neuen Stadt zu überwinden. Unsere Freundschaft brachte uns auch mit einer aussergewöhnlichen Gruppe von Freunden zusammen, die wir als «The Boys» bezeichneten. Zu dieser Gruppe gehörten bemerkenswerte Menschen wie Polio, Gerardo, Fritzo, Dinga, G unit, fatherland, Bruno, Poke, Dave, Languito, Benzema, PK und ich selbst. Unsere Kameradschaft war mehr als nur Freundschaft; sie war ein Unterstützungssystem, das uns ermutigte, unsere Träume zu verfolgen und die Herausforderungen des Lebens gemeinsam zu meistern. The Boys waren eine Bruderschaft, die auf gegenseitigem Respekt und einer gemeinsamen Vision für den Erfolg beruhte. Wir trafen uns jedes Wochenende, um unsere Ziele zu besprechen, Erfahrungen auszutauschen und uns gegenseitig zu motivieren. Diese Treffen waren entscheidend dafür, dass wir unseren Fokus und unseren Antrieb beibehielten. Jedes Mitglied brachte einzigartige Stärken und Perspektiven ein, wodurch ein dynamisches und unterstützendes Netzwerk entstand.

Mein Berufseinstieg in Douala war ein aufregendes, aber auch entmutigendes Unterfangen. Obwohl ich den Namen des Unternehmens aus Sicherheitsgründen nicht nennen werde, war meine Erfahrung dort sehr prägend. Unter der Leitung eines aussergewöhnlichen

CEOs lernte ich unschätzbare Lektionen über die Unternehmenswelt. Sein Mentorat war für mein berufliches und persönliches Wachstum von entscheidender Bedeutung. Er lehrte mich die Feinheiten von Führung, Management und strategischem Denken. In Douala lernte ich auch einflussreiche Mentoren kennen, die mein Leben tiefgreifend beeinflussten. Einer dieser Mentoren war Herr Edwin, der Autor von *From Wotutu to the World*. Sein Buch inspirierte mich und viele andere und seine Ratschläge halfen mir, mich in der Komplexität meiner neuen Umgebung zurechtzufinden. Herr Edwin behandelte uns wie jüngere Brüder und gab uns Ratschläge, wie wir die richtigen Kontakte knüpfen, uns an sinnvollen Projekten beteiligen und einen positiven Beitrag zu unserer Gemeinschaft leisten können. Douala mit seiner vielfältigen Bevölkerung und seinem kulturellen Reichtum war ein Mikrokosmos Kameruns. Die Lebendigkeit der Stadt war sowohl eine Quelle der Begeisterung als auch eine Herausforderung. Sich in der sprachlichen und kulturellen Landschaft zurechtzufinden, erforderte Anpassungsfähigkeit. In Kamerun gibt es neben den Amtssprachen Französisch und Englisch über 280 Stammessprachen. Diese Vielfalt spiegelt sich im täglichen Leben der Stadt wider. Von der kulinarischen Vielfalt bis hin zu den sozialen Interaktionen. Die Anpassung an die Umgebung von Douala erforderte die Überwindung mehrerer Hürden. Das Tempo der Stadt, die Sprachbarriere und die kulturellen Nuancen erforderten eine Lernkurve. Doch diese Herausforderungen boten auch Chancen für Wachstum. Indem ich die Vielfalt der Stadt annahm, lernte ich die unterschiedlichen Perspektiven und Traditionen jeder Kultur zu schätzen.

Wenn ich über meine Ausbildung nachdenke, wird mir klar, wie entscheidend sie für meine Fähigkeit war, mich in unterschiedlichen Umgebungen zurechtzufinden. Die Werte, die mir während meiner Zeit am St. Joseph College Sasse und dem Pan African Institute vermittelt wurden, waren von unschätzbarem Wert. Sie lehrten mich die Bedeutung von Bescheidenheit, Einfühlungsvermögen und effektiver Kommunikation. Diese Lektionen ermöglichten es mir, mit Menschen verschiedener ethnischer Herkunft mit Respekt und Verständnis umzugehen. In Douala habe ich verstanden, wie wichtig es ist, nach einer besseren Zukunft zu streben. Nicht nur für mich selbst, sondern auch für meine Gemeinschaft. Die Begleitungen durch Mentoren, die ich erhielt, die Freundschaften, die ich knüpfte und die Berufserfahrung, die ich sammelte, trugen alle zu dieser Einsicht bei. Mein Ziel war es, einen positiven Beitrag zum Wirtschaftskapital zu leisten und ein Umfeld der Inklusion und des Fortschritts zu fördern. Die vertrauten Annehmlichkeiten von Douala hinter sich zu lassen und in die Schweiz zu gehen, war ein wichtiger Wendepunkt in meinem Leben. Die Entscheidung, Kurse in einem deutschsprachigen Land wie der Schweiz zu absolvieren, wurde von meinem Wunsch angetrieben, meine beruflichen Perspektiven zu erweitern – insbesondere in der Tourismusbranche in Kamerun. Ich war überzeugt, dass mir die Beherrschung von Sprachen wie Deutsch neben Französisch und Englisch einen Wettbewerbsvorteil bei meinen beruflichen Bemühungen verschaffen würde.

Es war ziemlich schwierig. Insbesondere, als ich meine Familie zurücklassen musste. Der Übergang war nicht leicht, aber ich bin dankbar für die Ermutigung und Unterstützung, die ich von meinen Brüdern Clinton und Nkeng und meinen Schwestern Abetoh, Belle, Berry und Blessing erhalten habe. Sie alle haben mit ihrem Rat, ihrer Unterstützung und allem, was sie für mich getan haben, eine wichtige Rolle in meinem Leben gespielt. Der Abschied von Kamerun war für mich eine bittersüsse Erfahrung, erfüllt von der Vorfreude auf neue Möglichkeiten und der Trauer über den Abschied von meiner Familie und lieben Freunden wie JR, Asonganyi, Fritzo und Nostar. Im Laufe der Jahre haben wir unzählige Erinnerungen miteinander geteilt und uns gemeinsam zahlreichen Herausforderungen gestellt.

Mit der Zeit gingen viele von uns getrennte Wege: Asonganyi zog nach Grossbritannien, Nostar fing an, in Dubai zu arbeiten, JR begann, die Welt zu bereisen und andere, wie PK, Ajay Bruno, der jetzt Kapitän der Marine ist, Dave, der zum Esquire wurde und Ben Zimmera, der Berufsfotograf, begaben sich auf ihre eigenen Wege. Ich erinnere mich noch lebhaft an den Abend, an dem ich Kamerun verlassen sollte. Es war ein Donnerstag und wir sassen bei einem Drink zusammen, schwelgten in Erinnerungen an alte Zeiten und vergossen ein paar Tränen über die bevorstehende Trennung. Die Ungewissheit über das, was vor uns lag, war gross – zumal ich zum ersten Mal flog. In Afrika kann ein Flug ein bedeutendes Ereignis sein. Ganz anders als in Europa, wo Flugreisen gang und gäbe sind.

Meine Reise begann in Douala. Ich flog nach Brüssel und dann von Brüssel nach Zürich. Die Erfahrung war sowohl aufregend als auch nervenaufreibend. Ich erinnere mich an die Mahlzeit an Bord, die aus Huhn, Reis und einer pfeffrigen Sauce bestand, sowie an die aufmerksamen Flugbegleiter, die Getränke anboten. Bei meiner Ankunft in Zürich wurde ich von meiner älteren Schwester und ihrem Mann am Flughafen herzlich empfangen. Die neue Umgebung, erfüllt vom fröhlichen Lachen meiner Nichten, war trotz der Ungewohntheit ein beruhigender Anblick. Während ich mich in diesem neuen Lebensabschnitt einrichtete, blieb die Reise von Douala nach Zürich mit Brussels Airlines ein denkwürdiges Abenteuer, das den Beginn meiner europäischen Erfahrung markierte. Sie war faszinierend und ein wenig einschüchternd, aber sie symbolisierte den Beginn eines neuen und vielversprechenden Weges für mich. Bei meiner Ankunft in der Schweiz war ich von den atemberaubenden Landschaften und der unberührten Umgebung des Landes beeindruckt. Der Übergang von den pulsierenden, geschäftigen Städten Kameruns zur ruhigen Schönheit der Schweiz war sowohl ehrfurchtgebietend als auch Demut erbietend. Meine ersten Erfahrungen während des Winters waren unvergesslich: Ich versuchte mich im Schlitteln und Skifahren, auch wenn ich immer wieder scheiterte. Diese Aktivitäten forderten mich nicht nur körperlich heraus, sondern machten mich auch mit dem Abenteuergeist der Schweiz vertraut.

Um sich dort einzuleben, musste ich mich nicht nur an das Klima und die Landschaft anpassen, sondern auch in eine neue Kultur eintauchen und bedeutungsvolle Beziehungen zu Menschen mit unterschiedlichem Hintergrund knüpfen. Durch gemeinsame Erlebnisse wie Fussballspiele und Trainingseinheiten knüpfte ich Freundschaften, die über kulturelle Grenzen hinausgingen. Die Herzlichkeit und Gastfreundschaft der Menschen, die ich kennenlernte, gaben mir das Gefühl, in diesem fremden Land willkommen und akzeptiert zu sein.

Einer der eindrücklichsten Momente in der Schweiz war die Begegnung mit jemandem, dessen Reise aus einem fernen Land nach Europa mit unvorstellbaren Strapazen verbunden war. Seine Geschichte von der Durchquerung mehrerer Länder, Wüsten und gefährlicher Seeüberquerungen, um in der Schweiz in Sicherheit zu sein, hat mich tief beeindruckt. Sie stellte meine vorgefassten Meinungen in Frage und vertiefte mein Verständnis für die Realitäten, mit denen Migranten auf der Suche nach Zuflucht und einem besseren Leben konfrontiert sind. Als ich die erschütternde Geschichte dieser Person hörte, musste ich über meine eigene Reise und die Herausforderungen, denen ich mich stellen musste, nachdenken. Sie unterstrich die Widerstandsfähigkeit und den Mut, die erforderlich sind, um Träume zu verfolgen und sich in unbekannten Gefilden zurechtzufinden. Seine Geschichte wurde zu einer ergreifenden Erinnerung daran, dass wahres Heldentum oft in den alltäglichen Kämpfen von Menschen liegt, die trotz widriger Umstände nach einer besseren Zukunft streben.

Der Umzug in die Schweiz war mehr als nur ein geografischer Wechsel – es war eine transformative Erfahrung, die meine Perspektive erweiterte und meine

persönliche Entwicklung bereichert hat. Ich habe gelernt, Vielfalt zu schätzen, kulturelle Unterschiede zu
akzeptieren und die Stärke zu schätzen, die aus der
Begegnung mit und der Überwindung von Hürden
entsteht. Die Schweiz wurde nicht nur zu einem Ort
der Weiterbildung, sondern auch zu einem Tor zum
Verständnis der Verflechtung unserer Welt und der gemeinsamen Menschlichkeit über geografische Grenzen hinweg.

Sei dir immer bewusst,

dass du in erster Linie dein eigener

Coach bist. Bevor du deine

Lebensträume verwirklichst, solltest

du nicht aufhören, mit dir selbst

zu sprechen.

A. O. M. Fobellah

KAPITEL 3

Kulturelles Eintauchen

Die Ankunft in der Schweiz eröffnete mir eine Welt ku-
linarischer Genüsse und kultureller Entdeckungen, die
mich sowohl faszinierten als auch verwirrten. Gerichte
wie Raclette und Bratwurst wurden schnell zu meinen
Favoriten, da ihre reichen Aromen und einzigartigen
Zubereitungen meinem Gaumen eine neue Dimension
verliehen. Traditionelle Gerichte wie Fondue trafen jedoch nicht ganz meinen Geschmacksnerv, was die Vielfalt der Schweizer Küche unterstreicht, die die kulturelle
Vielfalt widerspiegelt, der ich begegnet bin. Der Beitritt
zum SC Brühl erwies sich als entscheidend für meine
Integration in die Schweizer Gesellschaft. Die Kameradschaft unter Teamkollegen wie Pascal, Xavi, Joel und
Raoul überwand die Sprachbarrieren. Sie halfen mir
grosszügig dabei, mich in der Gesellschaft zurechtzufinden und übersetzten Gespräche bei Restaurant- und
Barbesuchen. Über den Fussball hinaus reichte ihre
Freundschaft bis in den Alltag hinein und vermittelte
mir ein Gefühl der Zugehörigkeit und Unterstützung,
das mir den Wechsel erleichterte.

Der Umgang mit den gesellschaftlichen Normen in der Schweiz bereitete mir andere Sorgen als in Kamerun. Die Schweizer Gesellschaft legt oft Wert auf Privatsphäre und zurückhaltende Interaktionen, was im Gegensatz zu der Wärme und Offenheit steht, die ich von zu Hause gewohnt war. Die Anpassung an diese kulturellen Unterschiede erforderte Geduld und Verständnis, während ich lernte, persönliche Grenzen zu respektieren und gleichzeitig nach Möglichkeiten zu suchen, auf einer tieferen Ebene Kontakte zu knüpfen. Auf meiner Reise durch das Leben als braunhäutiges Individuum in einer überwiegend weissen Welt gibt es einen Aspekt der Schweiz, den ich eindeutig loben muss – die atemberaubende Schönheit ihrer natürlichen Landschaft. Die Schweiz ist zweifellos eines der atemberaubendsten Länder der Welt und bietet eine unvergleichliche Mischung aus majestätischen Bergen, ruhigen Seen und charmanten Dörfern. Das Engagement des Landes für die Erhaltung seiner natürlichen Schönheit ist in jedem Winkel sichtbar und macht es zu einem wahren Weltwunder. Die Landschaften des Landes sind eine Symphonie von Naturwundern und jede Jahreszeit färbt das Land in andere Farbtöne. Die Schweizer Alpen sind die Kronjuwelen dieses malerischen Landes. Im Frühling erwachen die Berge aus ihrem Winterschlaf und schmücken sich mit einer prachtvollen Wildblumenpracht. Die Luft ist frisch und klar und die Täler erwachen in einem bunten Farbenspiel zum Leben. Der Sommer bringt eine andere Art von Magie mit sich: Die Alpen werden zu einem Paradies für Wanderer und Naturliebhaber. Die grünen Wiesen, auf denen Kühe grasen, werden von hohen Gipfeln eingerahmt, die den Himmel zu berühren scheinen. Der Anblick ist geradezu ein Epos. Der Herbst bringt buntes Laub und Wind, die die Natur auf die kälteste Jahreszeit vorbereiten.

Im Winter verwandeln sich die Schweizer Alpen in ein verschneites Wunderland, das Skifahrer und Snowboarder aus der ganzen Welt anlockt. Die unberührten weissen Pisten glitzern unter dem klaren blauen Himmel und bieten einige der aufregendsten Wintersporterlebnisse, die man sich vorstellen kann. Der Charme der Schweizer Chalets, eingebettet in die verschneite Landschaft, trägt zur märchenhaften Atmosphäre bei. Jeder Besuch in den Alpen, unabhängig von der Jahreszeit, ist eine Erinnerung an die Grossartigkeit der Natur und das Engagement der Schweiz, diese zu bewahren. Das Schweizer Eisenbahnsystem ist ein weiteres Wunderwerk, das die Entdeckung dieses schönen Landes noch angenehmer macht. Es ist eines der effizientesten und umfangreichsten Eisenbahnnetze der Welt, das die Berge mit den Städten und allem, was dazwischen liegt, nahtlos verbindet. Die Züge gleiten durch die Landschaft und bieten Panoramablicke auf grüne Täler, glitzernde Seen und charmante Dörfer. Die Fahrt selbst wird zu einem Teil des Abenteuers, zu einer bewegenden Leinwand der natürlichen Schönheit der Schweiz.

Nehmen Sie zum Beispiel den Glacier Express, der oft als der «langsamste Schnellzug der Welt» bezeichnet wird. Diese kultige Zugstrecke führt Sie auf einer malerischen Reise von Zermatt nach St. Moritz und schlängelt sich dabei durch das Herz der Schweizer Alpen. Die Strecke ist ein visueller Leckerbissen mit Blick auf schneebedeckte Gipfel, tiefe Schluchten und malerische Alpendörfer. Es ist eine Reise, die die Essenz der natürlichen Pracht der Schweiz einfängt und einen unauslöschlichen Eindruck bei allen hinterlässt, die sich auf die Reise begeben. Die Seen der Schweiz sind ein weiteres Highlight. Jeder einzelne ist ein Juwel inmitten einer atemberaubenden Landschaft. Der Genfer See mit seinem kristallklaren Wasser wird umrahmt von den majestätischen Alpen und malerischen Städten wie Montreux und Lausanne. Die Schönheit des Sees lässt sich am besten auf einer Schifffahrt geniessen, bei der man das Panorama der umliegenden Berge und Weinberge bewundern kann. Im Gegensatz dazu bietet der Bodensee, mit seinen ruhigen Gewässern und seiner idyllischen Umgebung, einen Ort der Ruhe und Entspannung. Jeder See, ob gross oder klein, trägt zum Charme des Landes bei und spiegelt die Schönheit seiner Umgebung wider. Der Frühling in der Schweiz ist ein Spektakel der Wiedergeburt der Natur. Die Täler und Wiesen sind mit einem Kaleidoskop von Blumen bedeckt – vom zarten Edelweiss bis zu den leuchtenden Tulpen. Der Duft der blühenden Blumen liegt in der Luft und die sanfte Brise verheisst Erneuerung und Hoffnung. Es ist eine Zeit, in der die Schönheit der Natur voll zur Geltung kommt. Eine Erinnerung an das komplizierte und empfindliche Gleichgewicht, das das Leben erhält. Der Herbst mit seinem goldenen Laub und der frischen Luft bringt eine andere Art von Schönheit mit sich. Die Blätter verfärben sich und färben die Wälder und Hänge in Rot-, Orange- und Gelbtönen. Es ist eine Zeit der Besinnung, in der die Landschaft langsamer zu werden scheint und sich auf den kommenden Winter vorbereitet. Das sanfte Rascheln der Blätter und die kühle Brise schaffen eine ruhige und besinnliche Atmosphäre – ideal für lange Spaziergänge und stille Momente.

Die Schweizer Berge sind nicht nur von natürlicher Schönheit, sondern auch von Geschichten und Legenden umwoben. Das Matterhorn, einer der bekanntesten Gipfel der Alpen, ist ein Symbol des Schweizer Stolzes und der Widerstandsfähigkeit. Seine markante Pyramidenform und seine überragende Präsenz machen es zu einer Sehenswürdigkeit, egal ob Sie es von Zermatt aus betrachten oder mit der Gornergratbahn einen näheren Blick darauf werfen. Die Jungfrauregion mit ihrem berühmten Gipfeltrio, dem Eiger, dem Mönch und der Jungfrau, bietet einige der spektakulärsten Ausblicke und aufregende Abenteuer. Die Fahrt mit der Zahnradbahn auf das Jungfraujoch, den «Top of Europe», ist ein unvergessliches Erlebnis, bei dem Sie durch, in die Berge gehauene, Tunnel fahren und in einer hochgelegenen Wunderwelt aus Eis und Schnee auftauchen. Lugano, eingebettet im südlichen Teil der Schweiz, bringt mediterranes Flair in das Alpenland. Das Seeufer der Stadt mit seinen Palmen und subtropischen Pflanzen bildet einen reizvollen Kontrast zu den schneebedeckten Gipfeln im Norden. Die Mischung aus schweizerischer und italienischer Kultur ist in der Architektur, der Küche und dem gesamten Ambiente spürbar und macht die Stadt zu einem einzigartigen und fesselnden Reiseziel. Basel hingegen ist ein kulturelles Zentrum mit einer reichen Geschichte und einer pulsierenden Kunstszene. Am Ufer des Rheins gelegen, verfügt die Stadt über eine charmante Altstadt mit mittelalterlichen Gebäuden, Kopfsteinpflasterstrassen und einer beeindruckenden Anzahl von Museen und Galerien. Das Engagement der Stadt, ihr Erbe zu bewahren und gleichzeitig die Moderne anzunehmen, ist ein Zeugnis für das allgemeine Ethos der Schweiz.

Einer der bemerkenswertesten Aspekte der Schweiz ist, wie nahtlos sich das Verkehrssystem in die Naturlandschaft einfügt. Das öffentliche Verkehrssystem reicht bis in die entlegensten Dörfer und sorgt dafür, dass kein Teil des Landes unzugänglich ist. Dank dieser Anbindung können Reisende die verschiedenen Regionen der Schweiz problemlos erkunden und den einzigartigen Charme jeder Region erleben. Ob eine malerische Zugfahrt durch die Alpen oder eine gemütliche Bootsfahrt auf einem der vielen Seen, die Reise selbst wird zu einem unvergesslichen Teil des Abenteuers. Die Schweiz ist wahrlich eine Schönheit und ein Wunder des Lebens. Ihre Landschaften sind ein Zeugnis der erhabenen Kunstfertigkeit der Natur, wo jeder Berg, jeder See und jedes Tal eine Geschichte von Schönheit, Widerstandsfähigkeit und Harmonie erzählt. Es ist ein Land, das dazu einlädt, langsamer zu werden, tief durchzuatmen und die Grossartigkeit der Natur zu schätzen. Die Pracht der Schweiz ist ein Abglanz des Göttlichen, eine Erinnerung an die wahre Schönheit, wenn wir von der Natur Gottes sprechen. Sie ist fantastisch, in jedem Sinne des Wortes.

Die natürliche Schönheit der Schweiz ist unvergleichlich. Von den majestätischen Alpen bis zu den ruhigen Seen, von den leuchtenden Blumen des Frühlings bis zu den goldenen Farben des Herbstes – jeder Aspekt dieses Landes ist ein Fest der Naturpracht. Das effiziente und gut ausgebaute Verkehrssystem macht es leicht, die vielfältigen Landschaften zu erkunden und zu geniessen. Die Schweiz ist nicht nur ein Reiseziel, sie ist ein Erlebnis, eine Reise in das Herz der Natur und ihrer Pracht. Sie ist ein Ort, an dem die Schönheit der Natur verehrt und bewahrt wird und einen Einblick in die göttliche Kunstfertigkeit der Schöpfung bietet. Eine grosse Hürde stellte hingegen die Sprache dar. Nach anfänglichen Schwierigkeiten mit der deutschen Sprache fand ich Ermutigung und Unterstützung bei der Familie meiner Schwester – insbesondere bei ihren Töchtern Xenia und Imara. Ihre Geduld, mit der sie sich trotz meiner anfänglichen Schwierigkeiten mit mir auf Deutsch unterhielten, war ein Beispiel für das unterstützende Umfeld, das meinen Spracherwerb erleichterte. Durch das Lachen und die sanften Korrekturen von Freunden wie Gaby, Hills und Dante verbesserte ich mich allmählich und gewann das Vertrauen, effektiv zu kommunizieren. Flu war für mich wie eine Lehrerin. Mit ihr konnte ich hervorragend Deutsch sprechen.

Meine ersten Tage in der Schweiz waren sowohl von Herausforderungen als auch von Wachstum geprägt. Die Anpassung an eine neue kulturelle Landschaft erweiterte meine Perspektive und forderte mich heraus,

Unterschiede zu schätzen, während ich mich auf ungewohntem Terrain bewegte. Trotz anfänglicher Schwierigkeiten. Ein gängiges Wort, das die meisten Schweizer verwenden, ist 'Gopferdammi'. Wenn Sie in der Schweiz leben, wissen Sie bereits, was es bedeutet. Sie verwenden dieses Wort meist, wenn sie mit einer Situation frustriert oder mit etwas unzufrieden sind. Die Bedeutung des Wortes ist 'Gott schick mich in die Hölle'. Das war seltsam für mich, weil wir in Kamerun nie ein solches Wort benutzt haben. Die Herzlichkeit und Freundlichkeit der Menschen, denen ich begegnete und die familiäre Unterstützung erleichterten mir den Übergang und bereicherten meine Erfahrungen im Ausland. Der Übergang zum Leben in der Schweiz war eine transformative Reise, die von kulinarischen Entdeckungen, Fussballkameradschaft und kultureller Anpassung geprägt war. Jede Begegnung, ob mit neuen Gerichten oder neuen Freunden, trug zu meinem persönlichen und beruflichen Wachstum bei. Die Schweiz wurde mehr als nur ein Reiseziel – sie wurde zu einem zentralen Kapitel in meiner fortlaufenden Erkundung der Welt und ihrer vielfältigen Kulturen. Eine Person, die ich getroffen habe und einen beschwerlichen Reiseweg hatte, war Uche. Uches Reise begann vor dem Hintergrund der inneren Unruhen in Kamerun, insbesondere der Spannungen zwischen den englischsprachigen und französischsprachigen Regionen. Der in der Nähe der Ikom-Grenze geborene Uche geriet in das Kreuzfeuer der politischen Unruhen, was ihn dazu veranlasste, Zuflucht und Sicherheit ausserhalb seines Heimatlandes zu suchen. Seine Entscheidung, das Land zu verlassen, war nicht nur eine Flucht vor der unmittelbaren Gefahr, sondern auch eine Suche nach Stabilität und Chancen jenseits der Grenzen Kameruns. Uche verliess Kamerun, fuhr durch Nigeria und machte sich anschliessend auf die gefährliche Reise durch Libyen. In Libyen herrschte zu dieser Zeit das Post-Gaddafi-Chaos, in dem rivalisierende Gruppierungen inmitten der weit verbreiteten Gesetzlosigkeit um die Kontrolle kämpften. Da Uche keine legalen Papiere besass, war er der Ausbeutung und dem Missbrauch durch kriminelle Banden ausgesetzt, die in Ermangelung eines funktionierenden Staates ungestraft agierten. Gefangen genommen und in behelfsmässigen Haftanstalten eingesperrt, ertrug Uche zusammen mit anderen Gefangenen, die alle auf eine Chance auf Freiheit hofften, unsägliche Bedingungen. Die Tage wurden zu Nächten, während sie in der Dunkelheit schmachteten, von minimalen Rationen lebten und ihr Schicksal nicht kannten. Die Tortur raubte ihnen ihre Würde und stellte ihren Überlebenswillen auf die Probe, doch inmitten der Verzweiflung fand Uche Trost in flüchtigen Taten der

Freundlichkeit und Kameradschaft unter den Mitgefangenen. Wie durch ein Wunder änderte sich Uches Schicksal, als ein älterer Mann während einer angespannten Auseinandersetzung zwischen rivalisierenden Banden eingriff. Der alte Mann, der fliessend Arabisch spricht, verhandelte über die Freilassung von Uche und ermöglichte ihm die Flucht aus der Gefangenschaft. Dieser Akt des Mitgefühls inmitten des Chaos war ein Wendepunkt auf Uches Weg, der ihm ein Rettungsanker aus dem Abgrund der Verzweiflung in die verheissungsvolle Freiheit bot.

Nach seiner Flucht aus Libyen schloss sich Uche einer Gruppe von Migranten an, die quer durch Nordafrika nach Marokko reisten. Die Reise war voller Gefahren, da sie den Behörden auswichen und im Schutz der Dunkelheit durch tückisches Terrain navigierten. Erschöpft und hungrig verliessen sie sich auf ihre schiere Entschlossenheit und Solidarität, um weiterzukommen. Denn jeder Schritt brachte sie dem schwer fassbaren Versprechen auf Sicherheit und Chancen in Europa näher. In Marokko angekommen, sah sich Uche mit einer Reihe neuer Herausforderungen konfrontiert. Obdachlos und mittellos nahm er niedere Arbeiten an, um seinen Lebensunterhalt zu bestreiten, indem er in einer fremden Umgebung putzte und sich für einen mageren Verdienst abplagte. Der Übergang war hart und stellte Uches Entschlossenheit auf die Probe, als er sich mit den harten Realitäten des Lebens als Migrant ohne Papiere in einem fremden Land auseinandersetzte. Doch seine unerschütterliche Entschlossenheit weiterzumachen, liess ihn das ultimative Ziel im Auge behalten: Europa zu erreichen. Uches Reise erreichte einen kritischen Punkt, als er an Bord eines klapprigen Bootes ging, das nach Italien unterwegs war. Zusammen mit vielen anderen Migranten, die ihr Leben auf dem gefährlichen Mittelmeer riskierten. Die Reise war voller Gefahren, denn die überfüllten Schiffe und die spärliche Verpflegung gefährdeten ihr Leben auf Schritt und Tritt. Doch für Uche und seine Mitreisenden war es das Risiko wert – eine Chance, dem Elend zu entkommen und ein neues Leben in Europa aufzubauen. Mit der Landung in Italien begann für Uche ein neues Kapitel seiner Odyssee. Trotz der Erleichterung, europäische Küsten zu erreichen, stand Uche vor gewaltigen Herausforderungen. Die Tatsache, dass er keine Papiere besass und die bürokratischen Hürden stellten enorme Hindernisse für die Integration und die Aufnahme einer Beschäftigung dar. Doch Uche liess sich nicht entmutigen und war fest entschlossen, die Widrigkeiten zu überwinden und sich eine Zukunft in Europa zu schaffen, die einst unerreichbar schien. Die Begegnung mit Uche war eine ergreifende Erinnerung an die Unverwüstlichkeit und den Mut, die die Erfahrung von Migranten ausmachen. Seine von Entbehrungen und Opfern geprägte Reise zeigt, wie weit Menschen auf der Suche nach Sicherheit, Chancen und einem besseren Leben gehen können. Uches Geschichte ist ein Zeugnis für den unbezwingbaren menschlichen Geist – ein Zeugnis für Widerstandsfähigkeit, Hoffnung und das ständige Streben nach Würde und Zugehörigkeit. Diese erweiterte Erzählung vertieft Uches Reise von Kamerun über Libyen und Marokko nach Europa und hebt die Herausforderungen hervor, mit denen er konfrontiert war, sowie die Widerstandsfähigkeit, die ihn getragen hat. Sie beleuchtet die menschlichen Dimensionen der Migration und bietet eine eindrucksvolle Erzählung über Mut und Ausdauer im Angesicht der Widrigkeiten. Uches erschütternde Reise durch die Wüste, bei der er auf ein menschliches Skelett inmitten des sich bewegenden Sandes stösst, verdeutlicht die tiefe Verzweiflung und Widerstandsfähigkeit derjenigen, die jenseits ihrer Heimat Zuflucht und Chancen suchen. Seine Erfahrungen machen nicht nur die persönlichen Nöte deutlich, sondern werfen auch ein Licht auf allgemeinere systemische Probleme und Versäumnisse der Regierung, die solche humanitären Krisen verschärfen. Als Uche und seine Mitreisenden in der Wüste über die skelettierten Überreste stolperten, erinnerte sie der Anblick auf erschreckende Weise an die Gefahren, denen sich Migranten auf ihrer tückischen Reise durch widriges Gelände aussetzen. Der windgepeitschte Sand, der die Fussabdrücke verwischte und die Spuren früherer Wege auslöschte, unterstrich die prekäre Situation der Migranten. In dieser trostlosen Landschaft ohne Nahrung und Unterkunft wurde Uches Entschlossenheit bis an ihre Grenzen getestet, als er mit dem Gespenst der Sterblichkeit und der harten Realität konfrontiert wurde, dass der Tod jeden ereilen kann, der es wagt, diese unbarmherzige Weite zu durchqueren.

Die Reflexion über seinen Leidensweg veranlasst zu einer kritischen Untersuchung des breiteren Kontextes, der Menschen wie ihn dazu zwingt, auf der Suche nach Sicherheit und Chancen aus ihrer Heimat zu fliehen. Die politischen Unruhen in Kamerun, die durch die Unfähigkeit der Regierung und die sozioökonomischen Ungleichheiten verstärkt wurden, spielten eine entscheidende Rolle dabei, Uche auf die gefährlichen Migrationsrouten zu treiben. Das Fehlen einer wirksamen Regierungsführung, das durch internationale Gleichgültigkeit oder Untätigkeit bei der Bewältigung solcher Krisen noch verschlimmert wird, unterstreicht die systembedingten Fehler, die das menschliche Leid aufrechterhalten. Seine Geschichte wirkt wie ein ergreifender Aufruf zum Handeln, der die Gesellschaften weltweit dazu auffordert, sich über die Realität von Migranten und Flüchtlingen zu informieren. Sie unterstreicht die Notwendigkeit, Empathie und Mitgefühl für diejenigen zu entwickeln, die auf der Suche nach grundlegenden Menschenrechten und Menschenwürde gezwungen sind, eine beschwerliche Reise auf sich zu nehmen. Durch das Eintreten für Systemreformen und humanitäre Massnahmen, die den Schutz und das Wohlergehen gefährdeter Bevölkerungsgruppen in den Vordergrund stellen, können Menschen wie er Trost und Unterstützung bei ihrer Suche nach einem besseren Leben finden. Die Schilderung seiner Reise erinnert uns an den ungeheuren Mut und die Widerstandsfähigkeit von Migranten, die sich unvorstellbaren Nöten stellen. Seine Geschichte zwingt uns, uns mit den Ungerechtigkeiten und Ungleichheiten auseinanderzusetzen, die zu Vertreibung und Migration führen und fordert uns auf, eine Welt anzustreben, in der die Menschenrechte, die Würde und die Gleichheit aller Menschen im Mittelpunkt der Regierungsführung stehen. Durch Aufklärung, Fürsprache und einfühlsames Engagement können wir auf eine gerechtere und mitfühlendere Weltgemeinschaft hinarbeiten, in der Geschichten, wie der von Uche, mit Verständnis und Handeln statt mit Gleichgültigkeit und Vernachlässigung begegnet wird.

Uches ergreifende Erzählung von der Begegnung mit menschlichen Überresten in der Wüste steht in engem Zusammenhang mit den allgemeinen humanitären Krisen, die sich auf allen Kontinenten abspielen. I insbesondere mit den gefährlichen Überfahrten von Migranten von Afrika nach Europa. Die tragischen Geschichten von Menschen, die auf dem Meer oder in der Wüste ihr Leben verloren haben, wie sie in den Nachrichten berichtet werden, unterstreichen die dringende Notwendigkeit eines Systemwechsels und kollektiven Handelns, um die Ursachen dieser Migrationen zu bekämpfen und eine bessere Zukunft für Afrika zu schaffen. Seine Überlegungen veranlassen zu einer kritischen Untersuchung der Systemfehler, die junge Afrikaner dazu bringen, ihr Leben auf der Suche nach besseren Chancen im Ausland zu riskieren. Von zentraler Bedeutung ist dabei, dass die afrikanischen Staaten ihre wirtschaftlichen und politischen Strukturen stärken und ein Umfeld schaffen müssen, in dem junge Menschen gedeihen können, anstatt zu fliehen. Dies erfordert die Beseitigung von Mängeln in der Regierungsführung, die Förderung der wirtschaftlichen Inklusion und die Bekämpfung der Korruption, die die Entwicklung behindert und die Ungleichheit verschärft.

Um den Weg zu einem wohlhabenderen Afrika zu ebnen, unterstreicht Uche auf Rückfrage die Bedeutung der afrikanischen Einheit und der Zusammenarbeit über nationale Grenzen hinweg. Der Aufbau eines kohärenten regionalen Rahmens, der nachhaltige Entwicklung, Infrastrukturinvestitionen und Bildungsreformen in den Vordergrund stellt, ist von entscheidender Bedeutung. Durch die Bündelung von Ressourcen, den Austausch von Wissen und die Förderung interkontinentaler Partnerschaften können die afrikanischen Nationen gemeinsam die Herausforderungen angehen und die Chancen für Wachstum und Wohlstand nutzen. Bildung ist ein Eckpfeiler, um die afrikanische Jugend in die Lage zu versetzen, sinnvolle Veränderungen voranzutreiben. Die Ausstattung junger Menschen mit Fähigkeiten, die sich an globalen Trends orientieren, die Förderung des Unternehmertums und die Unterstützung von Innovationen sind entscheidende Schritte, um wettbewerbsfähige Arbeitskräfte aufzubauen und die Verlockung gefährlicher Migrationsrouten zu verringern. Bildung spielt auch eine zentrale Rolle bei der Förderung des Bewusstseins für Menschenrechte, staatsbürgerliche Pflichten und ökologische Nachhaltigkeit und legt damit den Grundstein für informierte und engagierte Bürger. Über Einzelinitiativen hinaus ist das Eintreten für politische Reformen auf lokaler, nationaler und kontinentaler Ebene entscheidend. Dazu gehören die Förderung integrativer Regierungsstrukturen, die die Stimme der Jugend stärken, der Schutz der Menschenrechte und die Förderung eines nachhaltigen Wirtschaftswachstums. Die Zusammenarbeit mit internationalen Partnern kann die technische Expertise, die Finanzierungsmöglichkeiten und den Wissensaustausch weiter verbessern, um einen transformativen Wandel in ganz Afrika zu bewirken. Bei der Beantwortung von Uches Fragen wird deutlich, dass der Weg zu einem besseren Afrika gemeinsame Anstrengungen von Regierungen, der Zivilgesellschaft, dem Privatsektor und der globalen Gemeinschaft erfordert. Indem sie der Bildung Vorrang einräumen, Einigkeit fördern, für politische Reformen eintreten und systemische Herausforderungen angehen, können die Afrikaner gemeinsam einen Kontinent aufbauen, auf dem junge Menschen ihre Hoffnungen erfüllen können, ohne sich auf gefährliche Reisen begeben zu müssen. Diese Erzählung ist eine berührende Erinnerung an die Widerstandsfähigkeit und Entschlossenheit der afrikanischen Jugend und fordert uns alle auf, ihre Bemühungen um eine bessere Zukunft zu unterstützen. Uches Ausführungen geben tiefe Einblicke in die Herausforderungen und das Potenzial Afrikas und drängen darauf, die Art und Weise, wie Afrikaner sich selbst und ihren Kontinent wahrnehmen, neu zu bewerten. Im Folgenden werden die wichtigsten Themen aus seiner Sicht erläutert. Afrika ist nicht nur reich an natürlichen Ressourcen, sondern auch an intellektuellem Kapital in verschiedenen Bereichen. Darunter Technologie, Medizin, Kunst und Sport. Trotz dieser Stärken wissen viele Afrikaner ihre Fähigkeiten aufgrund gesellschaftlicher Prägung oder mangelnder Möglichkeiten nicht voll zu schätzen. Für die Entwicklung des Kontinents ist es von entscheidender Bedeutung, einen Mentalitätswandel zu fördern, um dieses Potenzial zu erkennen und nutzbar zu machen.

Es gibt erhebliche Hindernisse wie hohe Reisekosten zwischen afrikanischen Ländern, komplizierte Visaverfahren und begrenzte Infrastrukturverbindungen. Diese Faktoren behindern die wirtschaftliche Integration, den kulturellen Austausch und den Wissensaustausch zwischen den afrikanischen Ländern. Die Bewältigung dieser strukturellen Herausforderungen durch regionale Zusammenarbeit, Infrastrukturentwicklung und politische Reformen kann die Einheit fördern und das gemeinsame Potenzial Afrikas freisetzen. Bildung und Befähigung der afrikanischen Jugend sind eine Notwendigkeit. Wenn junge Menschen mit Fähigkeiten, Wissen und Möglichkeiten ausgestattet werden, können sie zu Akteuren eines positiven Wandels in ihren Gemeinschaften und darüber hinaus werden. Investitionen in Bildung, Berufsausbildung und unternehmerische Initiativen können die Jugend in die Lage versetzen, wirtschaftliches Wachstum, Innovation und sozialen Fortschritt auf dem gesamten Kontinent voranzutreiben. Es ist wichtig, für eine integrative Regierungsführung und Wirtschaftspolitik einzutreten, die den Bedürfnissen aller Bürger, einschliesslich der marginalisierten und wirtschaftlich benachteiligten, Vorrang einräumt. Dieser Ansatz zielt darauf ab, gerechte Chancen auf Wohlstand zu schaffen und sicherzustellen, dass das Wirtschaftswachstum der gesamten Gesellschaft und nicht nur einigen wenigen Privilegierten zugutekommt. Durch die Förderung einer integrativen Entwicklung können die afrikanischen Staaten Armut, Ungleichheit und soziale Unruhen verringern und gleichzeitig Stabilität und nachhaltige Entwicklung fördern. Die Zusammenarbeit unterstreicht die Bedeutung von Partnerschaften und Kooperationen sowohl innerhalb Afrikas als auch mit internationalen Akteuren. Durch die Förderung kooperativer Beziehungen können afrikanische Länder externes Fachwissen, Investitionen und technologische Fortschritte nutzen, um gemeinsame Herausforderungen zu bewältigen und Chancen zum gegenseitigen Vorteil zu nutzen. Die Zusammenarbeit erstreckt sich auch auf die Bewältigung globaler Probleme wie Klimawandel, Ungleichheiten in der Gesundheitsversorgung und humanitäre Krisen, bei denen gemeinsames Handeln zu transformativen Ergebnissen führen kann. Dies ermutigt die Afrikaner, ihr Potenzial auszuschöpfen, systembedingte Hindernisse zu beseitigen, die Jugend zu stärken, eine integrative Entwicklung zu fördern und die Zusammenarbeit zu unterstützen. Auf diese Weise können die afrikanischen Staaten einen Weg zu nachhaltigem Wachstum, Wohlstand und einer besseren Zukunft für kommende Generationen einschlagen. Dieser Bericht dient als Aufruf zum Handeln für Einzelpersonen, Gemeinschaften und Regierungen, um gemeinsam am Aufbau eines widerstandsfähigen, gerechten und wohlhabenden Afrikas zu arbeiten.

Nach Abschluss diverser Kurse in der Schweiz stiess ich auf dem Arbeitsmarkt auf erhebliche Hürden. Trotz meiner guten Qualifikationen, die ich durch meine Ausbildung in Afrika erworben hatte, stiess ich auf Hindernisse, insbesondere aufgrund der erforderlichen Sprachkenntnisse in den deutschsprachigen Regionen. Diese Sprachbarriere schränkte meine Berufsaussichten oft ein, obwohl ich bereit und in der Lage war, einen effektiven Beitrag zur Arbeitswelt zu leisten. Während meiner gesamten Zeit in der Schweiz war ich immer wieder mit Stereotypen und systemischem Rassismus gegenüber Menschen afrikanischer Herkunft konfrontiert. Die Annahme, dass Afrikaner weniger qualifiziert oder kompetent seien, war weit verbreitet und wurde stark von den Medien beeinflusst, die Afrika oft in einem engen, verarmten Licht darstellten. Diese Stereotypen wirkten sich nicht nur auf meine Arbeitssuche aus, sondern färbten auch meine Interaktionen im sozialen Umfeld, so dass ich mich ständig bemühen musste, falsche Vorstellungen zu hinterfragen und zu korrigieren. Als Einwanderer, vor allem mit brauner Hautfarbe, fühlt man sich im europäischen Arbeitsumfeld oft wie in einem Labyrinth aus Vorurteilen und systemischen Barrieren. Obwohl sie gut ausgebildet sind, finden viele Zuwanderer, dass ihre Qualifikationen unterbewertet werden und sie auf niedere Tätigkeiten wie Reinigung oder Fabrikarbeit verwiesen werden. Die von den Arbeitgebern auferlegten Nachtschichten und starren Zeitpläne lassen ihre familiären Verpflichtungen ausser Acht und machen ein Gleichgewicht zwischen Arbeit und Privatleben fast unmöglich. Diskriminierung ist weit verbreitet; Anträge auf Anpassung der Arbeitszeiten werden oft abgelehnt, so dass sie in unerwünschten Positionen gefangen sind. Die Sprachbarriere und das mangelnde Verständnis für die örtliche Verwaltung verschlimmern ihre Notlage noch. Um einen integrativeren Arbeitsplatz zu schaffen, müssen die Unternehmen dynamische Massnahmen ergreifen, die den besonderen Bedürfnissen der zugewanderten Arbeitnehmer Rechnung tragen und eine gerechte Behandlung sowie ein unterstützendes Arbeitsumfeld gewährleisten.

Als Reaktion auf die Diskriminierung habe ich mich aktiv für mich und andere mit ähnlichem Hintergrund eingesetzt. Ich betonte die Bedeutung von Bildung und Dialog für den Abbau von Stereotypen und die Förderung von gegenseitigem Respekt. Indem ich mich an Gesprächen beteiligte, die vorgefasste Meinungen über Afrika und seine Menschen in Frage stellten, wollte ich eine besser informierte und integrative Gesellschaft fördern. Ein zentrales Anliegen meiner Lobbyarbeit war es, falsche Vorstellungen über Afrika bei den Europäern zu korrigieren. Ich wies auf die Vielfalt Afrikas, die moderne Infrastruktur in den städtischen Zentren und die Errungenschaften in verschiedenen Bereichen hin. Indem ich meine persönlichen Einsichten und Erfahrungen mitteilte, wollte ich den Blickwinkel erweitern und kulturelle Wertschätzung und Verständnis fördern. Neben den beruflichen Herausforderungen konzentrierte ich mich auf die soziale Integration in die Schweizer Gesellschaft. Ich bemühte mich aktiv um den Aufbau von Verbindungen und Netzwerken und förderte Beziehungen, die kulturelle Unterschiede überbrückten. Mein Ansatz bestand darin, integrative Räume zu schaffen, in denen Vielfalt zelebriert wird und in denen jeder Einzelne seinen Beitrag auf der Grundlage seiner Verdienste und nicht aufgrund von Stereotypen leisten kann. Mit Blick auf die Zukunft möchte ich weiterhin einen positiven Beitrag zur Schweizer Gesellschaft leisten und mich für einen breiteren sozialen Wandel einsetzen. Ich möchte weiterhin für Vielfalt, Gleichberechtigung und Integration in allen Lebensbereichen einstehen. Dazu gehört auch, dass ich mich für eine Politik und Praxis einsetze, die Chancengleichheit für alle Menschen, unabhängig von ihrem Hintergrund, gewährleistet. Meine Erfahrungen verdeutlichen die Komplexität von Identität, Diskriminierung und Widerstandsfähigkeit, wenn es darum geht, sich in fremden Umgebungen zurechtzufinden. Sie unterstreichen die ständige Herausforderung, Stereotypen zu bekämpfen, für Chancengleichheit einzutreten und das interkulturelle Verständnis zu fördern. Indem ich meinen Weg und meine Erkenntnisse mit Ihnen teile, möchte ich zu einem breiteren Dialog über Vielfalt, Gleichberechtigung und das universelle Streben nach Respekt und Würde in multikulturellen Gesellschaften beitragen. Dieser Bericht spiegelt meinen persönlichen Weg und meine Bestrebungen wider und konzentriert sich auf die universellen Themen Identität, Fürsprache und kultureller Austausch. Sie veranschaulicht die laufenden Bemühungen, Herausforderungen zu bewältigen, Stereotypen zu bekämpfen und das Verständnis in einem multikulturellen Kontext zu fördern.

In der Schweiz erwies sich der Erwerb des Führerscheins als grosse Herausforderung, nicht wegen meiner Fahrkünste, sondern wegen der systembedingten Hindernisse, denen ich mich gegenübersah. Obwohl ich sieben Jahre Fahrpraxis in Kamerun hatte, begann ich den Prozess nach meinem Umzug in die Schweiz von Neuem. Die Reise begann mit einem obligatorischen Erste-Hilfe-Kurs und grundlegenden theoretischen Lektionen, die Voraussetzung für die Anmeldung in einer Fahrschule waren. Bei der praktischen Fahrprüfung, die trotz meiner Englischkenntnisse auf Deutsch abgehalten wurde, machte ich eine zutiefst beunruhigende Erfahrung. Der Prüfer trat während der Prüfung abrupt auf die Bremse und schuf so eine gefährliche Situation, die mir wie eine Absichtserklärung vorkam. Auf Nachfragen antwortete er auf Deutsch, unterstellte mir Misstrauen und suggerierte mir, ich sei nicht fähig, was auf unbegründeten Annahmen beruhte. Frustriert über das unfaire Urteil des Prüfers suchte ich Klarheit bei meinem Fahrlehrer und später bei einem Psychologen, der die Prüfungsergebnisse überprüfte. Die Diskrepanz zwischen der tatsächlichen Fahrleistung und der Einschätzung des Prüfers machte die Voreingenommenheit deutlich, der ich ausgesetzt war. Diese Erfahrung hat mich zutiefst erschüttert, mein Selbstvertrauen in Frage gestellt und Stereotypen bestärkt, die

Menschen aufgrund ihrer Ethnie und nicht aufgrund ihrer Leistung untergraben. Da ich aus einem afrikanischen Land komme, in dem andere Verkehrsnormen gelten, schätzte ich zunächst die strukturierten Strassenverkehrsvorschriften und das organisierte Verkehrssystem der Schweiz. Der Vorfall machte jedoch deutlich, wie schwierig es ist, sich an kulturelle Unterschiede anzupassen und systembedingte Vorurteile zu überwinden, die faire Chancen behindern. Wenn ich über diese Erfahrung nachdenke, werde ich an die Beharrlichkeit erinnert, die es benötigt, um sich mit diskriminierenden Praktiken auseinanderzusetzen und diese in Frage zu stellen. Sie bestätigt, wie wichtig es ist, sich für eine gerechte Behandlung und die Anerkennung von Fähigkeiten und Qualifikationen ungeachtet des rassischen Hintergrunds einzusetzen.

Mein Kampf um den Führerschein in der Schweiz spiegelt ein breiteres Spektrum von Diskriminierung und systemischen Vorurteilen wider, die in verschiedenen Lebensbereichen fortbestehen. Indem ich meine Geschichte erzähle, hoffe ich, die Notwendigkeit inklusiver Praktiken und die Notwendigkeit, vorurteilsbehaftete Haltungen zu hinterfragen und zu verdeutlichen. Auch in Zukunft werde ich mich für Fairness und Chancengleichheit in allen Bereichen des Lebens einsetzen. Dieser Bericht fasst die persönliche Reise zusammen, auf der ich Herausforderungen meisterte, mich mit Diskriminierung auseinandersetzte und mich für eine gerechte Behandlung in einer fremden Umgebung einsetzte. Glücklicherweise war Papi, ein weisser Schweizer, eine unterstützende Figur in meinem Leben, der schon früher mit mir gefahren war und meine Kompetenz hinter dem Lenkrad erkannte. Seine Ermutigung und sein Vertrauen in meine Fähigkeiten waren von unschätzbarem Wert, vor allem, als ich die Prüfung aufgrund von scheinbar ungerechten Beurteilungen mehrmals nicht bestand. Die Frustration erreichte ihren Höhepunkt, als der Prüfer mich abrupt durchfallen liess und vage Gründe anführte, die mich ratlos und entmutigt zurückliessen. Als Papi von meinen gescheiterten Versuchen hörte, war er ungläubig und bot mir sofort seine Hilfe an. Er setzte sich für mich ein, indem er eine Beschwerde an die Behörden schrieb, in dem er auf die Diskrepanz zwischen meinen aktuellen Fahrfähigkeiten und der Bewertung in der Prüfung hinwies. Papis Intervention erwies sich als entscheidend. Sein Brief veranlasste die Behörden, meinen Fall zu überdenken und mir die Möglichkeit zu geben, einen Verkehrspsychologen zu konsultieren. Diese Erfahrung machte deutlich, wie wichtig unterstützende Netzwerke und Fürsprache sind, wenn es darum geht, systemische Herausforderungen zu bewältigen – insbesondere als

Ausländer in einem neuen Land.

Wenn ich über diese Erfahrung nachdenke, wird mir klar, dass es in der Schweiz zwar strukturierte Systeme und unterstützende Gemeinschaften gibt, aber auch Vorurteile und Herausforderungen bestehen. Die Bewältigung dieser Hürden erforderte Widerstandskraft und Einsatz. Es waren Lektionen, die mein Verständnis für kulturelle Unterschiede und Integration in einer fremden Umgebung vertieften. Ich bin Papi sehr dankbar für seine unerschütterliche Unterstützung und Fürsprache. Sein Glaube an meine Fähigkeiten und seine Bereitschaft, ungerechte Praktiken in Frage zu stellen, haben meinen Weg zum Erwerb des Führerscheins verändert. Auch in Zukunft werde ich mich für Fairness und Gleichberechtigung einsetzen und dafür sorgen, dass andere, die vor ähnlichen Herausforderungen stehen, die Unterstützung erhalten, die sie verdienen. Mein Weg zum Führerschein in der Schweiz war sowohl von persönlichen Herausforderungen als auch von unschätzbarer Unterstützung geprägt. Papis Rolle, für meine Rechte einzutreten und diskriminierende Praktiken in Frage zu stellen, hat die Macht von Verbündeten und Solidarität bei der Überwindung systemischer Barrieren deutlich gemacht. Ich hoffe, dass ich auf meinem weiteren Weg andere dazu inspirieren kann, sich für Fairness und Inklusion in allen Lebensbereichen einzusetzen.

In dieser Erzählung wird die zentrale Rolle von Unterstützungsnetzwerken bei der Bewältigung von Herausforderungen und dem Eintreten für eine gerechte Behandlung in einer fremden Umgebung erläutert. Wenn ich auf meine Reise zurückblicke, muss ich Flu, eine der einflussreichsten Personen in meinem Leben, würdigen. Flus unerschütterliche Unterstützung und Weisheit waren eine ständige Quelle der Inspiration. Ihre Fähigkeit, das Potenzial in mir zu sehen, selbst wenn ich an mir selbst zweifelte, hat massgeblich zu meinem Wachstum beigetragen. Flus Führung war ein Leitstern, der mir in meinen dunkelsten Stunden den Weg leuchtete und mich in Momenten des Triumphs feierte. Ihr Einfluss auf mein Leben geht über blosse Ermutigung hinaus; sie hat meinen Charakter geformt und mir Werte wie Widerstandsfähigkeit, Integrität und Mitgefühl eingeflösst. Ich schulde Flu eine Dankbarkeit, die sich kaum in Worte fassen lässt. Sie ist ein wahres Zeugnis für die Macht des Glaubens und der Liebe, die das Schicksal eines Menschen prägen.

Während meines Aufenthalts in Europa waren einige der schönsten und faszinierendsten Erfahrungen, die ich gemacht habe, in den starken Kontrasten und überraschenden Phänomenen begründet, denen ich begegnet bin. Eines der ersten Dinge, die mir auffielen, war die tadellose Organisation der Strassen. In Ländern wie der Schweiz, Liechtenstein und Österreich, um nur einige zu nennen, waren die Strassen tadellos gepflegt. Sie waren mit gut platzierten Lichtern und einem ästhetischen Gesamteindruck geschmückt, der einfach faszinierend war. Man kann vielleicht nicht sagen, dass jede einzelne Strasse in Europa dieses Merkmal aufweist, aber in fast allen Orten, die ich besuchte, waren die Strassen unbestreitbar beeindruckend sauber und ordentlich. Diese Beobachtung stand in krassem Gegensatz zu meinen Erfahrungen in verschiedenen Teilen Afrikas. An vielen der Orte, die ich in Afrika besuchte, waren die Strassen auffallend schmutzig, oft mit schlammigen oder staubigen Oberflächen. Ein seltsames Phänomen hat mich jedoch sehr verwundert: Trotz der unsauberen Strassen hatten die Menschen aussergewöhnlich saubere Schuhe. Es war, als ob der Schmutz und der Dreck der Strassen keinen Einfluss auf den tadellosen Zustand ihres Schuhwerks hatten. Selbst wenn die Strassen rötlich-braun oder schlammig waren, blieben die Schuhe makellos und weiss, was ein wahres Wunder war. Umgekehrt stellte ich fest, dass viele Menschen auf den makellosen Strassen der Schweiz Schuhe trugen, die erstaunlich schmutzig waren. Dieser Widerspruch verblüffte mich. Wie kann es sein, dass die Strassen so sauber sind und die Schuhe der Menschen, die auf ihnen gehen, so schmutzig sind? Diese Gegenüberstellung war eines der vielen kleinen, aber auffälligen Details, die einen bleibenden Eindruck bei mir hinterlassen haben.

Ein weiterer faszinierender Aspekt meiner Erfahrung war der Unterschied im Tagesrhythmus und in den Naturgeräuschen zwischen Europa und Afrika. In Kamerun zum Beispiel sind die frühen Morgenstunden um 4 oder 5 Uhr mit den lebendigen Klängen der Natur erfüllt. Das Krähen der Hähne, das Zwitschern der Vögel und die Symphonie der Grillen bilden einen lebhaften und dynamischen Chor der Morgendämmerung. Diese lebendige morgendliche Geräuschkulisse hat sich tief in mein tägliches Leben eingeprägt. Im Gegensatz dazu bot der europäische Winter ein ganz anderes Hörerlebnis. Die Nächte waren lang und die Tage kurz, was eine ruhige, fast stille Atmosphäre schuf. Auch der Wechsel der Tageslichtstunden zwischen Sommer und Winter war bemerkenswert. Die langen Tageslichtstunden im Sommer und die langen Nächte im Winter waren faszinierend und es dauerte eine Weile, bis sich mein System daran gewöhnt hatte. Der Wechsel der Jahreszeiten in Europa, insbesondere der Herbst mit seiner atemberaubenden Laubfärbung, war ebenfalls eine Quelle des Staunens. Die leuchtenden Farben der Blätter und die Frische der Luft verliehen meiner europäischen Erfahrung eine besondere Schönheit, die mich tief beeindruckte und demütig machte. Diese Erfahrungen unterstrichen die unglaubliche Vielfalt der Klimazonen und Kulturen unserer Welt. Die Kontraste zwischen sauberen Strassen und schmutzigen Schuhen, die lebhaften Morgen in Kamerun und die ruhigen Winternächte in Europa sowie die unterschiedlichen Tages- und Nachtlängen unterstrichen die einzigartige Schönheit, die jeder Ort zu bieten hat. Es war eine Reise des ständigen Staunens und der Anpassung und sie hat meine Wertschätzung für die unzähligen Möglichkeiten, mit denen unsere Umgebung unser tägliches Leben prägt, vertieft. Eine weitere wichtige Beobachtung, die ich gemacht habe, betrifft die falschen Vorstellungen über landwirtschaftliche Produkte in Europa und Afrika. Viele Menschen in Afrika, darunter auch meine eigenen Grosseltern, glauben, dass tropische Früchte wie Bananen, Guaven und Mangos auch in europäischen Ländern angebaut werden. Das ist jedoch nicht der Fall. Ich erinnere mich, dass ich meinen Grosseltern erklärt habe, dass diese Früchte aufgrund des Klimas in Europa nicht angebaut, sondern importiert werden. Das hat sie oft überrascht und zu erstaunten Nachfragen geführt, ob Europa wirklich alle diese tropischen Produkte importiert. Ich behaupte: Ja, diese Früchte werden häufig importiert. Dieses Missverständnis ist weit verbreitet und unterstreicht ein allgemeines Missverständnis über landwirtschaftliche Systeme und die Verfügbarkeit von Produkten. In den meisten westafrikanischen Ländern werden tropische Nutzpflanzen in grossem Umfang angebaut. Nehmen wir zum Beispiel Kakao- und Bananenplantagen. Diese Kulturen werden in grossem Umfang angebaut, und zwar nicht nur für den lokalen Verbrauch, sondern vor allem für den Export in die europäischen Länder, wo sie als lebenswichtige Nahrungsmittelimporte dienen. Eine solche exportorientierte Landwirtschaft hat tiefgreifende Auswirkungen. Trotz des offensichtlichen Überflusses an diesen Pflanzen profitieren die lokalen Bauern und Dorfbewohner, die sie anbauen, oft nur minimal davon. Die historisch gewachsenen Wirtschaftsstrukturen und handelspolitischen Massnahmen haben dafür gesorgt, dass die Gewinne aus diesen Exporten in unverhältnismässigem Masse Zwischenhändlern und ausländischen Märkten zugutekommen, während die Primärerzeuger nur einen geringen Anteil an den Einnahmen erhalten.

Es ist jedoch ein positiver Wandel im Gange. Viele Regierungen und internationale Gremien erkennen zunehmend die Notwendigkeit an, die lokalen Landwirte zu schützen und zu stärken. Es gibt jetzt einen Vorstoss für strengere Vorschriften und Massnahmen, die eine gerechtere Entschädigung der Landwirte gewährleisten sollen. Zu diesen Initiativen gehören bessere Zahlungsstrukturen, Versicherungspolicen für Ernten und allgemeine Verbesserungen des Wohlergehens der landwirtschaftlichen Gemeinschaften. In Ländern wie Kamerun beginnen sich diese Veränderungen zu etablieren. Die Einführung fairer Handelspraktiken und einer verbesserten Aussenpolitik verändert allmählich die landwirtschaftliche Landschaft. Die Landwirte erhalten allmählich eine bessere Entlohnung für ihre Erzeugnisse, was wiederum ihren Lebensunterhalt und die Nachhaltigkeit ihrer Anbaumethoden verbessert. Diese Entwicklung ist vielversprechend und spiegelt ein wachsendes Bewusstsein für die Notwendigkeit von Gerechtigkeit im globalen Handel wider. Sie macht deutlich, wie wichtig es ist, die lokalen Erzeuger zu unterstützen und dafür zu sorgen, dass sie direkter von ihrer Arbeit profitieren. Diese positiven Veränderungen geben Anlass zur Hoffnung auf ein ausgewogeneres und gerechteres Agrarsystem, in dem die Beiträge der lokalen Landwirte angemessen anerkannt und honoriert werden.

Im Wesentlichen unterstreichen diese Erfahrungen und Beobachtungen nicht nur die Gegensätze zwischen verschiedenen Regionen, sondern verdeutlichen auch die Verflechtung der globalen Landwirtschaft und des Handels. Sie erinnern uns daran, wie wichtig es ist, sich für eine Politik einzusetzen, die Fairness und Nachhaltigkeit fördert und dafür sorgt, dass die Vorteile des globalen

Handels gerechter verteilt werden. Einer der wichtigsten Aspekte, die bei der Übersiedlung in ein europäisches Land zu berücksichtigen sind, ist die Wichtigkeit, eine positive und widerstandsfähige Einstellung zu kultivieren. Diese Einstellung wird zu Ihrem grössten Verbündeten bei der Bewältigung der zahlreichen Herausforderungen, die sich Ihnen stellen, insbesondere wenn Sie ein Einwanderer mit begrenzten Beziehungen und Unterstützungssystemen sind. Im Gegensatz zu einigen afrikanischen Kulturen, in denen Gemeinschaft und zwischenmenschliche Unterstützung leicht verfügbar sind, ist in Europa oft jeder mit sich selbst beschäftigt, so dass wenig Zeit für andere bleibt. Als Einwanderer wird einem schnell klar, dass man zwar Rechte hat, aber um diese Rechte wirksam geltend zu machen und zu verteidigen, braucht man Wissen, Beziehungen und oft auch finanzielle Mittel. In vielen Fällen sind es die Menschen, die Sie kennen, die Ihnen in schwierigen Zeiten zur Seite stehen. Als Neuankömmling fängt man jedoch oft bei null an und muss lernen, seine Haltung richtig auszurichten. Denn die Möglichkeiten der Unterstützung sind begrenzt. Europa mit seiner strukturierten und monetarisierten Gesellschaft legt grossen Wert auf die finanzielle Leistungsfähigkeit. So hängt es beispielsweise oft davon ab, wie viel Sie sich leisten können, um einen guten Anwalt zu finden, der Ihre Rechte verteidigt oder eine Klage einreicht. Zwar gibt es Organisationen und staatliche Einrichtungen, die mittellose Personen unterstützen, doch sind diese nicht immer leicht zu finden, insbesondere für diejenigen, die mit dem System nicht vertraut sind. Deshalb ist es wichtig, die richtige Einstellung zu bewahren, effektiv zu kommunizieren und proaktiv um Hilfe zu bitten, anstatt die Situation bis zur juristischen Konfrontation eskalieren zu lassen.

Ein besonderer Vorfall ist mir in Erinnerung geblieben, der die Komplexität und manchmal auch die Ungerechtigkeit, mit der Einwanderer konfrontiert sind, veranschaulicht. Ich reiste mit dem Zug von Wil nach St. Gallen in der Schweiz. Es gab die Möglichkeit, bei Verspätung ein Ticket direkt beim Schaffner zu kaufen, allerdings mit einem Aufpreis von etwa zehn Franken. Aus Zeitgründen stieg ich in den Zug ein und wollte meine Fahrkarte beim Schaffner kaufen. Als ich ihn ansprach und ihm meine Situation erklärte, weigerte er sich, mir entgegenzukommen und bestand darauf, dass ich stattdessen eine Strafe von hundert Franken zahlen müsse. Es kam zu einem heftigen Streit. Und obwohl ich betonte, dass ich das korrekte Verfahren kannte, unterstützte niemand im Zug meine Forderung. Schliesslich zahlte ich widerwillig hundert Franken, nur um in Uzwil ein anderes Billett von Uzwil nach St. Gallen zu

erhalten. Diese doppelte Belastung war nicht nur ungerecht, sondern machte auch deutlich, wie schwierig es
ist, sich als Einwanderer in solchen Systemen zurechtzufinden. Als ich nach Hause zurückkehrte, entdeckte
ich einen Brief mit einer Geldstrafe von Uzwil nach St.
Gallen, was meine Frustration noch verstärkte. Glücklicherweise hatte ich den ursprünglichen Zahlungsnach-
weis nicht weggeworfen. Ich setzte mich mit den Behörden in Verbindung, erklärte ihnen die ganze Situation und nachdem sie mein Konto überprüft hatten,
räumten sie den Fehler ein. Obwohl ich den Namen des
betroffenen Inspektors nicht kannte, konnte das System das Problem nachvollziehen und sie erstatteten mir
das Geld. Dieser Ausgang, auch wenn er glücklich war,
unterstreicht die systemischen Herausforderungen und
die Notwendigkeit, für sich selbst einzustehen. Solche
Erfahrungen sind für Einwanderer, insbesondere für
Menschen mit brauner Hautfarbe aus afrikanischen
Ländern, keine Seltenheit. Häufig wird davon ausge-
gangen, dass wir unsere Rechte nicht kennen oder mit
den örtlichen Vorschriften nicht vertraut sind. Diese
Annahme kann zu Missbrauch und Ausbeutung führen.
Hinzu kommt die Sprachbarriere, die es schwierig
macht, sich durchzusetzen oder Hilfe zu suchen. Die
Beherrschung der Amtssprache, sei es Italienisch,
Deutsch oder Französisch, ist entscheidend und eine

weitere Hürde, die es zu überwinden gilt. Die Reise eines Einwanderers in Europa ist voller Hindernisse, aber eine positive und proaktive Einstellung kann den Übergang erheblich erleichtern. Es ist wichtig, dass Sie Ihre Rechte kennen, angemessene Unterstützung suchen und effektiv kommunizieren. Trotz der systembedingten Herausforderungen und gelegentlicher Voreingenommenheit gibt es auch Strukturen, die Ungerechtigkeiten unterstützen und beseitigen, wie meine Erfahrung mit dem Bussgeld im Zug letztlich gezeigt hat. Die Widerstandsfähigkeit und Entschlossenheit, sich in diesen komplexen Zusammenhängen zurechtzufinden, kann zu einer gerechteren und erfüllenderen Erfahrung in einem neuen Land führen.

Um als Einwanderer aus Afrika nach Europa kreativ zu denken und zu träumen, bedarf es eines grundlegenden Umdenkens und eines klaren Verständnisses sowohl der Herausforderungen als auch der Chancen, die vorliegen. Einer der grössten Rückschläge für viele afrikanische Einwanderer ist das Streben nach der sprichwörtlich «grüneren Weide». Dieses Streben entspringt oft dem Wunsch, ein besseres Leben für sich selbst, die eigene Familie und künftige Generationen zu sichern. Dieser Ehrgeiz kann jedoch manchmal zu einem Dilemma führen, in dem sich der Einzelne zwischen unrealistischen Erwartungen und harten Realitäten gefangen sieht. Ein weit verbreiteter Irrglaube vieler Afrikaner ist der Glaube, dass in Europa Geld im Überfluss vorhanden und leicht zu erreichen ist. Diese Vorstellung entspricht jedoch bei weitem nicht der Wahrheit. Europa verfügt über ein gut organisiertes System, das seine Bürger und Einwohner unterstützt, aber es erfordert harte Arbeit und Ausdauer, um finanzielle Stabilität zu erreichen. Viele Einwanderer kommen mit grossen Hoffnungen an, um dann festzustellen, dass die Realität darin besteht, dass sie in niederen oder Gelegenheitsjobs arbeiten, die kaum den Mindestlohnstandards entsprechen. Dies bringt uns zu einem weiteren wichtigen Punkt: der harten Arbeit und den Opfern, die viele afrikanische Einwanderer bringen. Es ist üblich, dass diese Menschen einen beträchtlichen Teil ihres Einkommens nach Hause schicken, um ihre Familien zu unterstützen, jüngere Geschwister auszubilden oder in Immobilien und Unternehmen zu investieren. Dies ist zwar lobenswert, kann aber auch die finanzielle Situation der Einwanderer belasten und es ihnen erschweren, zu sparen oder in ihr eigenes Leben in Europa zu investieren.

Einer der einzigartigen und etwas verblüffenden Aspekte dieses Szenarios sind die Auswirkungen der Wechselkurse. Die Diskrepanz zwischen dem Euro oder dem Pfund und vielen afrikanischen Währungen kann eine Illusion von Wohlstand schaffen, während in Wirklichkeit der finanzielle Druck erheblich bleibt. Dies erfordert einen Perspektiv- und Strategiewechsel bei den Afrikanern. Sowohl im eigenen Land als auch in der Diaspora. Afrikanische Einwanderer müssen unbedingt verstehen, dass es zwar edel ist, der Familie in der Heimat zu helfen, dies aber mit Bedacht geschehen muss. Man sollte sich nicht gezwungen fühlen, ständig Geld zu schicken, vor allem nicht auf Kosten der eigenen finanziellen Stabilität. Es ist von entscheidender Bedeutung, strategisch zu planen und zu investieren, um sicherzustellen, dass die geleistete Unterstützung nachhaltig und langfristig von Nutzen ist.

Ausserdem muss die Diaspora-Gemeinschaft ihre Erfahrungen und Erkenntnisse nutzen, um positive Veränderungen in ihren Heimatländern zu bewirken. Indem sie sich für eine bessere Regierungsführung, verbesserte Bildungssysteme und nachhaltige Wirtschaftspraktiken einsetzen, können sie zur Entwicklung ihrer Länder beitragen. Das Lernen von den Systemen, die in Europa funktionieren – wie z. B. robuste Bildungssysteme und soziale Sicherheitsnetze – kann ähnliche Initiativen in ihrer Heimat inspirieren. Bildung ist in der Tat ein Eckpfeiler des Fortschritts. Viele afrikanische Länder bieten zwar eine kostenlose Grundschulbildung an, doch die Qualität und die Ergebnisse bleiben oft hinter den Erwartungen zurück. Es reicht nicht aus, eine Grundbildung anzubieten, sondern es müssen auch Wege zu einer sinnvollen Beschäftigung und beruflichen Entwicklung eröffnet werden. Afrikanische Regierungen und der Privatsektor sollten zusammenarbeiten, um Möglichkeiten für Hochschulabsolventen zu schaffen und Innovation und Unternehmertum zu fördern. Darüber hinaus sollten Afrikaner in der Diaspora ihr Wohlergehen in den Vordergrund stellen und ihr Leben in Europa aufbauen. Dazu gehört es, Geld zu sparen, in ihre Zukunft zu investieren und Familien mit einem Gefühl von Stabilität und Sicherheit aufzuziehen. Strategische Planung ist unerlässlich – das Verständnis der Finanzsysteme, die Maximierung von Wachstumschancen und die Vermeidung von Ausbeutung sind Teil dieses Prozesses. Eine besondere Herausforderung für Einwanderer ist das Fehlen von Versicherungspolicen, die mit denen in Europa vergleichbar sind. In vielen afrikanischen Gemeinschaften legen Familienmitglieder ihre Ressourcen zusammen, um medizinische Kosten zu decken – ein System, das zwar unterstützend wirkt, aber finanziell belastend sein kann. Dies unterstreicht die Notwendigkeit eines Systemwechsels und der Einführung nachhaltigerer Gesundheitsversorgungsmodelle. Die Kombination von traditionellem Wissen mit modernen Praktiken kann ebenfalls eine wichtige Rolle bei der Entwicklung afrikanischer Gemeinschaften spielen. Die traditionelle Medizin zum Beispiel hat sich seit Generationen bewährt. Eine anschauliche Anekdote ist die Geschichte eines Mannes, der einen Biss der Schwarzen Mamba durch eine Kombination aus traditioneller Erster Hilfe und moderner medizinischer Intervention überlebte. Solche Geschichten verdeutlichen die Widerstandsfähigkeit und den Einfallsreichtum traditioneller Praktiken, die mit modernen Methoden kombiniert werden können, um die Ergebnisse der Gesundheitsversorgung zu verbessern.

Letztlich erfordert die Entwicklung unseres Kontinents eine konzertierte Anstrengung, um traditionelle Weisheit mit modernem Fortschritt zu verbinden. Indem wir eine Kultur der Innovation, der strategischen Planung und der nachhaltigen Praktiken fördern, können wir eine Zukunft schaffen, die sowohl wohlhabend als auch gerecht ist. Kreatives Denken und Träumen erfordert einen ganzheitlichen Ansatz, der Ehrgeiz und Praxisnähe in Einklang bringt. Es erfordert ein Umdenken, eine strategische Finanzplanung und das Engagement, Wissen und Erfahrung zum Wohle des Einzelnen und der Allgemeinheit zu nutzen. Als Afrikaner, ob im In- oder Ausland, müssen wir uns diese Grundsätze zu eigen machen, um eine bessere Zukunft für uns und künftige Generationen zu schaffen.

Der beste Weg, sich selbst zu finden,

ist, sich im Dienst an anderen

zu verlieren.

Gandi

KAPITEL 4

Kosmopolitische Realismen

Wenn man über die Erfahrungen vieler von uns, die in der Diaspora leben, nachdenkt, wird deutlich, dass es dringend notwendig ist, Vertrauen zu schaffen und Ängste abzubauen. Oft fühlen sich die Menschen in einer unsichtbaren Box gefangen – ein Produkt systematischer Herausforderungen und gesellschaftlicher Erwartungen. Vor allem für diejenigen, die nicht in ihrem Gastland geboren sind, kann der Prozess der Arbeitssuche entmutigend sein. Nicht selten hört man: «Wir können Ihre Qualifikationen nicht anerkennen, weil sie nicht von unseren Schulen stammen; Sie müssen eine Ausbildung in unseren Einrichtungen absolvieren.» Solche Hindernisse können tiefsitzende Ängste hervorrufen und das Selbstvertrauen untergraben. Um dem entgegenzuwirken, sind persönliche Widerstandsfähigkeit und Entschlossenheit von grösster Bedeutung. Es ist von entscheidender Bedeutung, vor diesen Hindernissen nicht zu kapitulieren, sondern hartnäckig für seine Bestrebungen zu kämpfen. Das kann bedeuten, dass man zusätzliche Kurse besucht, neue Fähigkeiten erwirbt und sich beharrlich bemüht, sich selbst zu verbessern. Viele Afrikaner in der Diaspora finden sich in niederen Positionen wieder, weil ihre ausländischen Qualifikationen nicht anerkannt werden, was zu einer Einstufung führt, die sowohl demoralisierend als auch einschränkend ist. Diejenigen, die das Glück haben, eine berufliche Position zu ergattern, werden oft als «Expatriates» bezeichnet, während andere einfach «Immigranten» oder «Ausländer» sind. Eine Unterscheidung, die zutiefst entmutigend sein kann. Aufgrund der sozialen Dynamik werden Einwanderer oft in Rollen wie Reinigungskräfte oder Bauarbeiter eingeteilt. Daran ist nichts auszusetzen. Verstehen Sie mich nicht falsch, aber das fördert das Gefühl, gefangen zu sein und schränkt ihr wahrgenommenes Potenzial ein. Dieses Szenario wird noch verschärft durch die allgegenwärtige Angst vor dem Scheitern und die fehlende Ermutigung, sich weiterzubilden oder neue Fähigkeiten zu erwerben. Es ist jedoch von entscheidender Bedeutung, diese Beschränkungen zu überwinden. Es gibt zahlreiche Möglichkeiten, sich selbst weiterzubilden und seine Fähigkeiten zu entwickeln, auch wenn man weiterhin einer Beschäftigung nachgeht. Es ist wichtig zu erkennen, dass der Weg zum Erfolg mit Schwierigkeiten verbunden ist, aber Beharrlichkeit und eine klare Vorstellung von den eigenen Zielen zum Erfolg führen können.

Ein weiterer bemerkenswerter Aspekt, den ich während meiner Zeit hier kennen gelernt habe, ist die Dynamik sozialer Interaktionen, insbesondere als dunkelhäutige Person. Es ist eine Erfahrung, die sich in verschiedenen Umgebungen offenbart, oft auf die subtilste und doch eine entmutigende Weise. Stellen Sie sich vor, Sie gehen in eine Bar. Sie sind dort, um sich nach einem langen Tag zu entspannen, vielleicht ein Getränk zu geniessen und sich auf das Ambiente einzulassen. Doch schon beim Eintreten bemerken Sie, dass sich das Verhalten der Menschen um Sie herum leicht verändert. Einige Frauen ziehen ihre Taschen diskret näher an sich heran, andere umklammern ihre Telefone mit erhöhter Wachsamkeit und Sie können die stereotypisierenden Blicke auf sich spüren. Dies ist keine isolierte Erfahrung, die auf Bars oder Cafés beschränkt ist, sondern schwappt auf die alltäglichen Begegnungen auf der Strasse über. Die Strassen sind ein Spiegel der Gesellschaft, in dem sich ihre Vorurteile und Ängste widerspiegeln. Besonders auffällig ist dies bei älteren Frauen. Ihre Blicke sind flüchtig und doch durchdringend, ihre Körpersprache ist zurückhaltend und sie verändern oft die Position ihrer Habseligkeiten, wenn sie sehen, dass man sich ihnen nähert. Es ist, als würde man in ihren Augen eine unausgesprochene Bedrohung verkörpern. Das Klischee bleibt nicht nur in ihren Augen, sondern auch in ihren Handlungen bestehen – eine spürbare Energieverschiebung, die ein unausgesprochenes Vorurteil vermittelt.

Ich erinnere mich an einen bestimmten Vorfall in einem Zug, der einen bleibenden Eindruck bei mir hinterlassen hat. Ich näherte mich einem freien Sitzplatz und als ich mich gerade setzen wollte, bemerkte ich eine Frau, die ihre Tasche fest umklammerte und mir einen misstrauischen Blick zuwarf. Der stumme Vorwurf war klar: Meine Anwesenheit allein reichte aus, um eine instinktive Reaktion zur Selbsterhaltung auszulösen. Es ist eine bizarre und entmutigende Realität, in der der blosse Anblick eines Menschen mit brauner Hautfarbe den Eindruck von Kriminalität oder Gefahr erwecken kann. Dieser Stereotyp geht über die Grenzen des öffentlichen Verkehrs hinaus. Wenn ich nachts die Strasse hinuntergehe, werde ich oft mit misstrauischen Blicken bedacht, vor allem von Frauen, die, vielleicht aufgrund tief verwurzelter gesellschaftlicher Ängste, das Schlimmste von meinen Absichten annehmen. Es ist ein beunruhigendes Gefühl, allein aufgrund seiner Hautfarbe als Bedrohung wahrgenommen zu werden, obwohl man weiss, dass man nichts Böses im Schilde führt. Die Ironie in diesen Situationen ist, dass entgegen den Stereotypen viele Menschen mit brauner Hautfarbe, darunter auch ich, zu den ersten gehören, die in

Zeiten der Not Hilfe anbieten. Wenn jemand in Schwierigkeiten wäre, würde ich nicht zögern, ihm zu helfen. Dennoch bleiben diese Akte der Freundlichkeit und Solidarität oft unbemerkt und werden von den allgegenwärtigen und schädlichen Erzählungen der Gesellschaft und der Medien überschattet.

Die Medien spielen eine wichtige Rolle bei der Gestaltung dieser Wahrnehmungen. Geschichten über Verbrechen und Gewalt werden oft sensationslüstern dargestellt, wobei farbige Menschen unverhältnismässig häufig als Täter dargestellt werden. Diese Erzählungen dringen in das kollektive Bewusstsein ein und verstärken Stereotypen und Vorurteile, die sich im täglichen Miteinander manifestieren. Dieser Kreislauf ist nur schwer zu durchbrechen und führt zu Angst und Missverständnissen. Um dem entgegenzuwirken, ist es wichtig, dass wir uns bemühen, die Kulturen und Erfahrungen der anderen zu verstehen. Stereotypen gedeihen, wenn es an Wissen und Vertrautheit mangelt. Wenn wir uns die Zeit nehmen, mehr über den anderen zu erfahren, ihm zuzuhören und uns in ihn einzufühlen, können wir beginnen, die Vorurteile abzubauen, die uns voneinander trennen. Dies ist eine kollektive Verantwortung, die Anstrengungen und die Bereitschaft erfordert, unsere eigenen Vorurteile zu hinterfragen. Bildung und ein offener Dialog sind in diesem Prozess unerlässlich. Wir müssen die Erzählungen, die uns präsentiert werden, in Frage stellen und nach unterschiedlichen Perspektiven fragen. In diesen Gesprächen können wir beginnen, die Menschlichkeit im anderen zu sehen und zu erkennen, dass unsere Ängste oft unbegründet sind und auf falschen Vorstellungen beruhen.

Auf meiner Reise habe ich gelernt, wie wichtig es ist, widerstandsfähig zu sein und trotz dieser Herausforderungen eine positive Einstellung zu bewahren. Es ist leicht, entmutigt zu werden und zuzulassen, dass diese Erfahrungen dein Herz verhärten. Aber ich glaube an die Möglichkeit der Veränderung, an die Fähigkeit des Einzelnen, zu wachsen und zu lernen. Das Leben in der Schweiz hat mir eine einzigartige Perspektive auf diese Fragen eröffnet. Ich habe sowohl Freundlichkeit als auch Vorurteile erlebt und jede Erfahrung hat mein Verständnis der Welt geprägt. Es ist ein Ort der Kontraste, an dem Fortschritt und Tradition nebeneinander bestehen und an dem die Herausforderung, mit der Dynamik der Rassen umzugehen, allgegenwärtig ist. Es gibt Momente der Hoffnung, Momente, in denen echte Verbindungen hergestellt werden und Verständnis erreicht wird. Diese Momente erinnern daran, dass Veränderungen möglich sind und dass die Barrieren der Vorurteile überwunden werden können. Sie sind ein Beweis für die Kraft der Empathie und dafür, wie wichtig es ist, über den Tellerrand hinauszuschauen. Während ich mein Leben hier weiter aufbaue, verpflichte ich mich, ein Teil dieses Wandels zu sein. Ich bemühe mich, ein Botschafter meiner Kultur zu sein, meine Erfahrungen und Perspektiven mitzuteilen, in der Hoffnung, dass dies zu einem besseren Verständnis führt. Es ist ein langsamer und oft frustrierender Prozess, aber ich glaube, dass jeder kleine Schritt zählt. Die Erfahrung, eine braunhäutige Person in einer überwiegend weissen Welt zu sein, ist von Herausforderungen und Momenten tiefgreifender Reflexion geprägt. Es ist eine Reise, die Widerstandsfähigkeit, Geduld und einen unerschütterlichen Glauben an die Möglichkeit einer integrativeren und verständnisvolleren Gesellschaft erfordert. Durch Bildung, offenen Dialog und die Bereitschaft, unsere eigenen Vorurteile in Frage zu stellen, können wir beginnen, die Gräben, die uns trennen, zu überbrücken. Ich hoffe, dass ich mit meiner Geschichte zu diesen Bemühungen beitragen und andere dazu inspirieren kann, dasselbe zu tun. Gemeinsam können wir eine Welt schaffen, in der jeder so gesehen und geschätzt wird, wie er wirklich ist. Jenseits seiner Hautfarbe.

In der Geschichte haben viele grosse Persönlichkeiten aussergewöhnliche Herausforderungen gemeistert und sind dennoch als Sieger hervorgegangen, weil sie unerschütterlich entschlossen waren und an ihr Potenzial glaubten. Für Afrikaner in der Diaspora ist es wichtig, eine ähnliche Einstellung zu haben – niemals ihre Träume aufzugeben und weiter fleissig auf ihre Ziele hinzuarbeiten. Die Überwindung der Angst ist ein allmählicher Prozess, der die Konfrontation mit den Dingen, die uns einschüchtern und die Auseinandersetzung mit ihnen erfordert. Eine Anekdote aus meiner Jugend verdeutlicht dieses Prinzip. Mein Grossvater, der Hühner züchtete, vermittelte mir einmal eine tiefgründige Lektion über Angst. Er erklärte, dass die Mutterhenne ihre Küken zwar aggressiv beschützen würde, aber wenn man die Mutter zuerst fangen würde, würden die Küken natürlich folgen. Das hat mich gelehrt, dass die Auseinandersetzung mit der Ursache der Angst dazu führen kann, sie vollständig zu überwinden. Indem wir Herausforderungen direkt angehen und uns mit unseren Ängsten auseinandersetzen, verringern wir allmählich ihre Macht über uns. Wer beispielsweise unter Höhenangst leidet, kann damit beginnen, Orte mit geringer Höhe zu besuchen und sich allmählich immer weiter hochzuarbeiten, bis die Angst nachlässt. In ähnlicher Weise kann jede Phobie durch wiederholte, kontrollierte Exposition abgeschwächt werden. Diese methodische Herangehensweise an die Bewältigung von Ängsten lässt sich auf verschiedene Aspekte des Lebens anwenden. Von beruflichen Bestrebungen bis hin zur persönlichen Entwicklung. Afrikaner in der Diaspora müssen sich bemühen, Selbstvertrauen aufzubauen und Ängste abzubauen. Indem sie gesellschaftliche Zwänge hinterfragen, sich neue Fähigkeiten aneignen und den unerschütterlichen Glauben an ihr Potenzial bewahren, können sie sich aus der metaphorischen Box befreien, die sie einschränkt. Mit Ausdauer, strategischer Planung und der Bereitschaft, sich Ängsten zu stellen und sie zu überwinden, lässt sich Erfolg erzielen. Wenn wir uns weiterbilden und die Grenzen des Möglichen ausloten, ebnen wir den Weg für eine bessere, erfülltere Zukunft. Richtiges Denken im Umgang mit Menschen ist eine unschätzbare Lektion, die durch das alte afrikanische Sprichwort verkörpert wird: «Wenn du einen Menschen so behandelst, wie er sein sollte, wird er zu diesem Menschen werden». Diese Weisheit unterstreicht die transformative Kraft unserer Einstellungen und Handlungen gegenüber anderen. Diesen Grundsatz teile ich oft mit meinen Brüdern und Schwestern in der Diaspora und betone seine Bedeutung für unser Streben nach Erfolg und Erfüllung als Einwanderer. Wenn wir unsere Ziele erreichen wollen, ist es von entscheidender Bedeutung, dass wir andere mit Respekt und Würde behandeln. Als Einwanderer, ob in einem europäischen Land oder anderswo, müssen wir verstehen, dass die Art und Weise, wie wir mit den Menschen um uns herum umgehen, unseren Weg massgeblich beeinflusst. Wenn wir andere respektieren und sie als gleichwertig betrachten, fördert dies ein Umfeld der gegenseitigen Unterstützung und des Verständnisses, das für das persönliche und kollektive Wachstum unerlässlich ist. Wir müssen lernen, jeder Interaktion mit einer positiven Einstellung und einer echten Wertschätzung für den Wert jedes Einzelnen zu begegnen. Diese Einstellung verbessert nicht nur unsere Beziehungen, sondern spiegelt auch unseren Charakter wider und öffnet die Türen zu neuen Möglichkeiten und Netzwerken. Im Kontext der Diaspora, in der viele mit systemischen Herausforderungen und sozialen Vorurteilen konfrontiert sind, kann eine solche Einstellung ein wirksames Instrument sein, um Hindernisse zu überwinden und eine unterstützende Gemeinschaft aufzubauen.

Darüber hinaus erfordert richtiges Denken gegenüber Menschen Einfühlungsvermögen und die Fähigkeit, über oberflächliche Unterschiede hinwegzusehen. Sie erfordert, dass wir über die Nationalität, die Ethnie oder den sozioökonomischen Status hinausschauen und die gemeinsame Menschlichkeit, die uns verbindet, schätzen. Diese Perspektive ist besonders wichtig in einem multikulturellen Umfeld, in dem unterschiedliche Hintergründe und Erfahrungen aufeinandertreffen. Indem wir die einzigartigen Beiträge eines jeden Menschen schätzen und verstehen, schaffen wir eine integrativere und harmonischere Gesellschaft. Dieser Grundsatz erstreckt sich auch darauf, wie wir uns selbst wahrnehmen und behandeln. Es ist wichtig, dass wir uns selbst respektieren und hohe Standards für unser Verhalten und unsere Ziele setzen. Wenn wir an unser Potenzial glauben und uns selbst mit der gleichen Würde behandeln, die wir auch anderen entgegenbringen, stärkt dies unser Selbstvertrauen und unsere Entschlossenheit. Als Einwanderer ist dieses Selbstvertrauen von entscheidender Bedeutung, um die Herausforderungen der Anpassung an eine neue Kultur zu meistern und unsere Träume zu verwirklichen. In der Praxis kann sich richtiges Denken gegenüber anderen auf verschiedene Weise manifestieren. Es kann bedeuten, dass man einem anderen Einwanderer, der mit Anpassungsschwierigkeiten zu kämpfen hat, eine helfende Hand reicht oder dass man sich gegen Diskriminierung wehrt und für Chancengleichheit eintritt. Es bedeutet auch, offen dafür zu sein, von anderen zu lernen, unabhängig von ihrem Hintergrund und anzuerkennen, dass jeder etwas Wertvolles beizutragen hat.

Letztlich prägt die Art und Weise, wie wir über andere denken und sie behandeln, unsere Realität und die Welt um uns herum. Indem wir eine Haltung des Respekts, des Einfühlungsvermögens und der gegenseitigen Unterstützung fördern, erheben wir nicht nur die Menschen um uns herum, sondern ebnen auch den Weg für unseren Erfolg. Ein afrikanisches Sprichwort besagt, dass die Menschen so behandelt werden, dass sie ermutigt werden, ihr volles Potenzial entfalten zu können, was wiederum positive Veränderungen zur Folge hat. Für uns in der Diaspora ist die Übernahme des Prinzips, den Menschen gegenüber richtig zu denken, ein entscheidender Schritt, um unsere Ziele zu erreichen und eine bessere Zukunft aufzubauen. Es befähigt uns, starke, unterstützende Gemeinschaften zu bilden und die Komplexität des Lebens als Einwanderer mit Anmut und Widerstandsfähigkeit zu meistern. Indem wir andere – und uns selbst – mit dem Respekt und der Würde behandeln, die wir alle verdienen, tragen wir zu einer gerechteren, integrativeren und wohlhabenderen Welt bei. Ich sage den Menschen oft: «Du bist, was du denkst, dass du bist.» Wenn man diese Person nicht sein könnte, wäre man nicht in der Lage, sie sich vorzustellen. Ein weiser Mann sagte einmal: «Der reichste Ort der Welt ist nicht Amerika, Afrika, Asien, Europa, die Schweiz oder Belgien. Der reichste Ort der Welt ist der Friedhof.» Er meinte damit, dass der Friedhof voller ungenutzter Potenziale ist – Bücher, die nie geschrieben wurden, Lieder, die nie gesungen wurden, Talente, die nie das Licht der Welt erblickten. Viele

Menschen nehmen ihre Träume mit ins Grab, weil ihnen das Vertrauen oder der Mut fehlt, sie zu verfolgen. Diese Sichtweise teile ich mit jedem, den ich treffe – ob Europäer, Afrikaner, Angehörige der Diaspora oder meine Arbeitskollegen. Wenn man Menschen mit Respekt behandelt und sie an ihre angeborenen Gaben erinnert, befähigt man sie, ihr Potenzial auszuschöpfen. Jeder Mensch auf der Erde hat eine einzigartige Begabung; man muss sie nur finden. Einmal entdeckt, hat diese Gabe die Macht, die Welt zu verändern und sie zu einem besseren Ort zu machen.

Die Menschen haben oft Angst vor dem Scheitern, aber gerade durch das Scheitern erreichen wir den Erfolg. Die schönsten Schöpfungen der Welt sind nicht beim ersten Versuch entstanden. Die Glühbirne zum Beispiel soll fast tausend Mal ausprobiert worden sein, bevor sie Wirklichkeit wurde. Wenn wir eine Haltung der Beharrlichkeit einnehmen und uns weigern, trotz Ablehnung und Misserfolgen aufzugeben, können wir den Wandel herbeiführen, den die Welt heute braucht. Mein grösster Rat an die Menschen von heute ist, sich darum zu bemühen, Umstände zu schaffen, die die Welt zu einem besseren Ort machen. Die Welt braucht Sie. Egal, was andere sagen, egal, wie oft Sie abgelehnt werden oder wie oft man auf Sie herabschaut, Ihre Beiträge sind wertvoll. Manchmal geht es nur darum, zur falschen Zeit am falschen Ort zu sein. Es ist wichtig, einen Vertrauensvorschuss zu bekommen, an sich selbst zu glauben und auf sein Potenzial zu vertrauen. Die Leute mögen lachen oder spotten, aber wenn Ihre Stunde gekommen ist, werden genau diese Leute Ihre Grösse anerkennen. Denken Sie daran, dass Ihre Gabe einzigartig ist. Es ist nicht die Ihrer Mutter, Ihres Bruders oder von irgendjemand anderem. Andere sehen sie vielleicht nicht, weil sie nur Ihnen gegeben wurde. Arbeiten Sie also an Ihren Fähigkeiten, eignen Sie sich neue an und verfolgen Sie Ihre Gabe mit Entschlossenheit. Glauben Sie an sich selbst und an deine Fähigkeit, die Welt positiv zu beeinflussen. Dies ist die Botschaft, die ich mit allen Menschen in meinem Umfeld teile.

Eine der unglücklichsten Realitäten, mit denen Schwarze weltweit konfrontiert sind, insbesondere Afrikaner und Afroamerikaner, ist die allgegenwärtige Präsenz von Rassismus. Wir alle erinnern uns an den tragischen Fall von George Floyd, dessen Tod durch die Polizei in Amerika weltweite Proteste auslöste und die Bewegung Black Lives Matter ins Leben rief. Dieser Vorfall wirft neben anderen ein Schlaglicht auf das anhaltende Problem der Rassendiskriminierung im 21. Jahrhundert. Diese Situation erinnert uns eindringlich daran, dass unsere Generation sich zusammenschliessen muss, um den Rassismus auszurotten. Es ist wichtig zu verstehen, dass niemand als Rassist geboren wird; diese Einstellungen werden anerzogen. Bildung und Bewusstsein sind der Schlüssel zur Überwindung dieser Vorurteile. Wir müssen der nächsten Generation beibringen, dass unsere Unterschiede – sei es in Sprache, Hautfarbe oder kulturellem Hintergrund – uns einzigartig und kreativ machen. Unsere Vielfalt sollte gefeiert und nicht gefürchtet oder verachtet werden.

Wir müssen unbedingt darauf hinarbeiten, eine Welt zu schaffen, in der die Hautfarbe keine Rolle spielt und jeder gleich behandelt wird. Die Menschheit lebt von der Vielfalt. Unsere einzigartigen Eigenschaften tragen zum Reichtum menschlicher Erfahrungen und Innovationen bei. Wir müssen uns bemühen, eine Gesellschaft zu schaffen, in der die Hautfarbe eines Menschen nicht über seine Möglichkeiten oder seinen Wert entscheidet. Wir müssen ein Umfeld fördern, in dem jeder erkennt, dass wir alle Teil einer einzigen Menschheitsfamilie sind. Unsere Unterschiede sind nur oberflächlich und unter der Oberfläche haben wir alle die gleichen Bestrebungen, Träume und das gleiche Potenzial. Indem wir unsere Vielfalt anerkennen, können wir eine gerechtere und ausgewogenere Welt für alle schaffen. Verpflichten wir uns, uns selbst und andere über den Wert der Vielfalt und die Bedeutung der Integration aufzuklären. Gemeinsam können wir eine Welt schaffen, in der jeder so geschätzt wird, wie er ist, unabhängig von seiner Hautfarbe. Unabhängig von Ihrer Hautfarbe – ob Sie braun, weiss oder einer anderen Ethnie angehören – wenn Sie Zeuge eines rassistischen Verhaltens werden, setzen Sie sich für diese Person ein. Damit bekennen Sie sich zu der grundlegenden Wahrheit, dass jeder Mensch es verdient, gleich behandelt zu werden, ohne aufgrund seiner Hautfarbe beurteilt zu werden. Das ist ein entscheidender Schritt, um die Reinheit der Lebenswirklichkeit zu bewahren.

Ein weiterer bemerkenswerter Aspekt, den ich hervorheben möchte, ist der tiefgreifende Einfluss der Kunst auf die schwarze Gemeinschaft. Schauen Sie sich die Musikindustrie mit Künstlern wie Jay-Z und Beyoncé an – wahrlich beeindruckende Talente, die die globale Kulturlandschaft mitgestaltet haben. Im Sport, insbesondere in der NBA, haben Ikonen wie LeBron James und Michael Jordan mit ihren unvergleichlichen Fähigkeiten und ihrer Sportlichkeit bleibende Beiträge geleistet. Diese Persönlichkeiten stehen beispielhaft für den positiven Einfluss, den Nachkommen afrikanischer Herkunft in verschiedenen Bereichen haben. Denken Sie auch an den Fussball, wo Spieler wie George Weah und Samuel Eto'o unauslöschliche Spuren hinterlassen haben. Ihre Leistungen unterstreichen die Botschaft, dass unser Wert nicht durch unsere Hautfarbe definiert wird, sondern durch unsere Fähigkeit, einen positiven Beitrag zur Welt zu leisten.

Wir müssen die vielfältigen Talente und Beiträge aller Menschen erkennen und würdigen – Unabhängig von ihrer Ethnie oder Zugehörigkeit. Gemeinsam können wir weiterhin eine Welt gestalten, in der Gleichheit, Respekt und Chancen für alle Menschen gegeben sind. Ich denke oft über historische Persönlichkeiten wie Martin Luther King Jr. nach, der unermüdlich für Gleichberechtigung und Bürgerrechte für schwarze Amerikaner kämpfte. Ich bewundere auch Führungspersönlichkeiten wie Abraham Lincoln, dessen Eintreten für die Gleichheit aller Menschen auch heute noch nachwirkt. Es ist entmutigend, dass trotz ihrer Bemühungen der Rassismus auf subtile, aber allgegenwärtige Weise fortbesteht und Chancen wie Beschäftigung, Zugang zu Versicherungen und Wohnraum beeinträchtigt, insbesondere in Ländern wie Amerika.

Ich bin jedoch fest davon überzeugt, dass wir eine bessere Welt schaffen können. Es erfordert Einigkeit und kollektives Handeln, um für die Menschheit einzutreten und die Rechte und Würde jedes Einzelnen auf der Erde zu gewährleisten. Gemeinsam können unsere Stimmen einen bedeutsamen Wandel bewirken und nicht nur das Fundament der Erde, sondern auch den Himmel über uns, erschüttern und die Schönheit und das Potenzial zeigen, das unserer Vielfalt innewohnt. Auch wenn es zu Herausforderungen und Missverständnissen kommen mag, ist es unsere Aufgabe auf diesem Planeten, diese Probleme anzugehen und ein gerechteres und erfüllteres Leben für alle in unserer Generation und darüber hinaus zu schaffen.

Denke immer daran: Irgendwo liebt dich jemand und du hast keine Ahnung.

A. O. M. Fobellah

KAPITEL 5

Widerhall der Geschichte

Wenn man durch die Strassen einer europäischen Stadt geht, hört man nicht selten harte Worte wie «Geh zurück, Schwarzer» oder «Wir brauchen dich hier nicht». Diese Worte tun weh und tragen das Gewicht von Ignoranz und historischer Amnesie in sich. Es scheint, als hätten diejenigen, die solche Beleidigungen ausstossen, vergessen – oder vielleicht nie gelernt –, dass es eine Zeit gab, in der die Europäer in Afrika einfielen und nicht nur Menschen als Sklaven mitnahmen, sondern ganze Völker kolonisierten. Die Ironie ist eklatant und die Heuchelei schmerzhaft. Im Diskurs über Rassismus ist es wichtig, die tiefgreifenden Anstrengungen und Opfer grosser Geister zu sehen, die unermüdlich gegen Diskriminierung gekämpft haben. Persönlichkeiten wie Nelson Mandela stehen als überragende Beispiele für Widerstandskraft, Weisheit und das unnachgiebige Streben nach Gleichheit. Mandelas Leben und sein Vermächtnis erinnern uns an den Wert der Menschlichkeit und lehren uns, dass der Einzelne nicht nach seiner Hautfarbe beurteilt werden sollte, sondern nach dem Inhalt seines Charakters und dem Wert, den er der Gesellschaft bringt.

Nelson Mandela, auch bekannt als Madiba, wurde 1918 in dem ländlichen Dorf Mvezo in Südafrika geboren und wuchs in einer Zeit auf, in der der institutionalisierte Rassismus, die so genannte Apartheid, tief in der südafrikanischen Gesellschaft verwurzelt war. Die Apartheid, ein System der Rassentrennung und Diskriminierung, das von der Regierung der Nationalen Partei durchgesetzt wurde, degradierte die schwarze Mehrheit zu Bürgern zweiter Klasse. Mandelas Weg von einem Dorf auf dem Land zum ersten schwarzen Präsidenten Südafrikas zeugt von seinem unerschütterlichen Engagement für Gerechtigkeit und Gleichheit. Sein Engagement in der Anti-Apartheid-Bewegung begann ernsthaft während seiner Zeit im Afrikanischen Nationalkongress (ANC). Als Mitglied des ANC setzte er sich zunächst für einen gewaltfreien Widerstand gegen das Apartheidregime ein. Angesichts der zunehmenden Brutalität des Staates griffen Mandela und seine Kameraden jedoch zum bewaffneten Kampf und gründeten 1961 den militanten Flügel des ANC, Umkhonto we Sizwe. Mandelas Verhaftung und anschliessende 27-jährige Inhaftierung schwächte seine Entschlossenheit nicht, sondern festigte seinen Status als Symbol des Widerstands und der Hoffnung für Millionen unterdrückter Menschen.

Madibas Ansatz zur Bekämpfung des Rassismus war tief in den Grundsätzen der Versöhnung und der friedlichen Koexistenz verwurzelt. Nach seiner Entlassung aus dem Gefängnis im Jahr 1990 strebte er nicht nach Vergeltung, sondern versuchte vielmehr, die zerrissene Nation durch Dialog und gegenseitiges Verständnis zu heilen. Seine führende Rolle bei den Verhandlungen, die 1994 zur Abschaffung der Apartheid und zur Errichtung eines demokratischen Südafrikas führten, ist ein bemerkenswertes Beispiel dafür, wie mit friedlichen Methoden ein tiefgreifender Wandel erreicht werden kann. Mandelas Präsidentschaft (1994 – 1999) war geprägt von Bemühungen zur Förderung der nationalen Einheit, einschliesslich der Bildung der Wahrheits- und Versöhnungskommission, die die Ungerechtigkeiten der Vergangenheit aufarbeiten und die Heilung fördern sollte. Das Vermächtnis Mandelas ist besonders relevant, wenn man sich mit dem heutigen Stand des Rassismus befasst. Trotz bedeutender Fortschritte bestehen rassistische Vorurteile und Diskriminierung weltweit fort. Viele Menschen mit schwarzer Hautfarbe sehen sich nach wie vor mit systembedingten Barrieren konfrontiert und werden häufig aufgrund von Stereotypen und nicht aufgrund ihrer Fähigkeiten und Beiträge vorverurteilt. Diese Realität unterstreicht die Notwendigkeit, dem Beispiel Mandelas zu folgen und den jedem Menschen innewohnenden Wert zu akzeptieren und zu schätzen – unabhängig von seiner Ethnie. Südafrika wurde unter Mandelas Einfluss zu einem führenden Beispiel im weltweiten Kampf gegen den Rassismus. Der Übergang des Landes von einem Pariastaat zu einem Leuchtturm der Hoffnung war eine direkte Folge der von Mandela vertretenen Werte – Werte wie Toleranz, Respekt und Gleichheit. Seine Betonung von Versöhnung anstelle von Rache war ein starker Präzedenzfall für andere Nationen, die mit rassischen Spaltungen zu kämpfen haben. Mandelas Geschichte verdeutlicht auch die Bedeutung von Führungspersönlichkeiten bei der Beseitigung von Rassenungerechtigkeiten. Führungspersönlichkeiten, die sich für Gleichberechtigung und Inklusion einsetzen, können Gemeinschaften dazu inspirieren und mobilisieren, diskriminierende Praktiken und Massnahmen in Frage zu stellen. Mandelas Leben erinnert uns daran, dass der Kampf gegen Rassismus sowohl individuellen Mut als auch kollektives Handeln erfordert.

In der heutigen Welt ist es von entscheidender Bedeutung, uns selbst mit den Augen derjenigen zu sehen, die uns nicht wertschätzen, da diese Perspektive die tiefsitzenden Vorurteile aufdecken kann, die die gesellschaftlichen Strukturen weiterhin beeinflussen. Wenn wir diese Vorurteile verstehen, können wir uns für eine gerechtere und ausgewogenere Gesellschaft einsetzen. Ebenso wichtig ist es, Menschen auf der Grundlage ihrer Kompetenzen und Beiträge zu fördern und zu unterstützen und nicht auf der Grundlage oberflächlicher Merkmale wie der Hautfarbe. Der Weg zur Gleichstellung der Rassen ist noch nicht abgeschlossen und erfordert kontinuierliche Anstrengungen in allen Bereichen der Gesellschaft. Wenn wir über das Leben grosser Persönlichkeiten wie Nelson Mandela nachdenken, werden wir daran erinnert, dass der Kampf gegen Rassismus nicht nur ein historischer Kampf ist, sondern eine aktuelle Herausforderung, die unsere aktive Beteiligung erfordert. Indem wir uns die Grundsätze von Gerechtigkeit, Gleichheit und Menschlichkeit zu eigen machen, können wir Mandelas Vermächtnis ehren und einer Welt näherkommen, in der der Einzelne wirklich nach dem Inhalt seines Charakters beurteilt wird.

Die Kolonisierung Afrikas durch Europa ist ein dunkles Kapitel der Geschichte, das von Ausbeutung und Unterdrückung geprägt ist. Die Briten beispielsweise verfolgten eine Politik der indirekten Herrschaft, indem sie die lokalen Machtstrukturen aufrechterhielten, um die Kolonien mit minimalem Aufwand und Kosten zu kontrollieren. Die Franzosen hingegen verfolgten eine Politik der Assimilierung und versuchten, den afrikanischen Gesellschaften ihre Kultur, ihre Sprache und ihre Regierungssysteme aufzuzwingen. Beide Ansätze führten zu tiefgreifender Ausbeutung und Leid für die einheimische Bevölkerung. Diese Politik war nicht nur verwaltungstechnischer Natur, sondern auch tief in ein Überlegenheits- und Dominanzdenken eingebettet. Die Auswirkungen des Kolonialismus sind auch heute noch spürbar. Viele Afrikaner kommen auf der Suche nach einer besseren Zukunft nach Europa, getrieben von den wirtschaftlichen Ungleichheiten und der Instabilität, die die Kolonialherrschaft hinterlassen hat. Sie suchen Arbeit, Bildung und Möglichkeiten, die es in ihren Heimatländern oft nicht gibt. Statt mit offenen Armen empfangen zu werden, sind sie häufig Rassismus und Feindseligkeit ausgesetzt. Beleidigungen wie «Geh zurück in dein Land» oder entmenschlichende Ausdrücke wie «Du Affe» sind nur allzu häufig. Diese Worte zeigen, dass die Vorurteile aus der Kolonialzeit bis in die heutige Zeit fortbestehen.

Es ist jedoch wichtig zu wissen, dass nicht alle Europäer diese Ansichten teilen. Es gibt viele, die sich mit farbigen Menschen solidarisch zeigen, den Rassismus ihrer Landsleute in Frage stellen und für eine integrativere Gesellschaft eintreten. Diese Verbündeten verstehen, dass die Welt miteinander verbunden ist und dass Migration ein natürlicher Teil der menschlichen

Geschichte ist. Sie erkennen an, dass Menschen nicht durch ihren Herkunftsort definiert werden, sondern durch ihren Beitrag und ihren Charakter. Diese Solidarität ist von entscheidender Bedeutung, vor allem im Bereich des Sports, wo die hässliche Fratze des Rassismus oft zu sehen ist. Nehmen wir zum Beispiel die Welt des Fussballs. Ich habe Freunde, die für Vereine wie den FC St. Gallen gespielt haben. Trotz ihres Talents und ihres Beitrags auf dem Spielfeld wurden sie sowohl in den Stadien als auch im Internet rassistisch beschimpft. Es ist entmutigend, ein solches Verhalten in einer Welt zu sehen, die wir als entwickelt betrachten. Auf Social-Media-Plattformen häufen sich hasserfüllte Kommentare, die sich gegen Sportler richten, nur weil sie eine andere Hautfarbe haben. Diese Vorfälle unterstreichen ein breiteres gesellschaftliches Problem: einen Mangel an Bildung und Bewusstsein für die Geschichte und den Beitrag von Afrikanern und Menschen anderer Hautfarbe. Viele, die rassistische Äusserungen von sich geben, tun dies aus Unwissenheit. Sie haben weder die reiche Geschichte und Kultur Afrikas noch die bedeutende Rolle kennen gelernt, die Afrikaner in der globalen Gesellschaft gespielt haben und weiterhin spielen. Dieser Mangel an Wissen schürt Angst und Vorurteile.

Befürwortung und Bildung sind wichtige Instrumente im Kampf gegen diese Unwissenheit. Indem wir den historischen Kontext der Migration und die anhaltenden Beiträge von People of Colour hervorheben, können wir die Narrative, die Rassismus schüren, in Frage stellen. Es geht nicht nur darum, falsche Vorstellungen zu korrigieren, sondern auch um die Förderung von Empathie und Verständnis. Die Aufklärung über die komplexe Geschichte, die unsere moderne Welt geformt hat, kann zu mehr Wertschätzung und Respekt für Menschen mit anderem Hintergrund führen. Es geht darum, zu erkennen, dass unsere Welt miteinander verbunden ist und dass die Handlungen der Vergangenheit nachhaltige Auswirkungen auf die Gegenwart und die Zukunft haben. Das Echo der Geschichte hallt bis in die Gegenwart nach und prägt Einstellungen und Vorurteile. Während viele Afrikaner der Suche nach einer besseren Zukunft nachkommen, sehen sie sich oft mit Feindseligkeit konfrontiert, die in einem Erbe von Kolonialismus und Rassismus wurzelt. Doch es gibt auch viele, die sich gegen diese Strömung stellen und für eine integrativere und besser ausgebildete Gesellschaft eintreten. Durch Bildung und Solidarität können wir Unwissenheit bekämpfen und eine Welt aufbauen, in der niemand nach seiner Hautfarbe oder seinem Herkunftsort beurteilt wird, sondern nach seiner Menschlichkeit und seinem Beitrag. Diese dunklen Kapitel haben Afrika zutiefst geprägt – man denke nur an die Berliner Westafrikakonferenz, auf der die europäischen Mächte Afrika ohne afrikanische Vertretung aufteilten. Oder an die brutale Ära der Sklaverei, in der Afrikaner weltweit zur harten Arbeit auf Plantagen gezwungen wurden. Diese historischen Ungerechtigkeiten spiegeln sich auch heute noch in den Herausforderungen wider, mit denen schwarze Menschen in überwiegend weissen Gesellschaften konfrontiert sind. Trotz aller Fortschritte besteht der systematische Rassismus fort, der sich in Diskriminierung am Arbeitsplatz, in den Gemeinden und im öffentlichen Diskurs äussert. Die Medienberichterstattung kratzt oft nur an der Oberfläche dieser Probleme und schafft es nicht, deren volle Auswirkungen und Komplexität zu erfassen.

Gewalt war noch nie die Lösung, vor allem nicht in Bezug auf Ethnie und Kultur. Dialog und Friedensinitiativen bieten einen vielversprechenderen Weg nach vorn. Unsere Welt hat sich erheblich weiterentwickelt und begrüsst Vielfalt und Multikulturalität mehr als je zuvor. Viele von uns sprechen mehrere Sprachen, heiraten über Ethnien hinweg und feiern unsere gemeinsame Menschlichkeit, indem sie Gräben überbrücken und das Verständnis fördern. Mit Blick auf die Zukunft ist es von entscheidender Bedeutung, dass wir uns weiterhin um eine bessere Zukunft bemühen und das Wohlergehen und die Harmonie künftiger Generationen sicherstellen. Indem wir unsere Vergangenheit anerkennen, einen konstruktiven Dialog führen und uns die Vielfalt zu eigen machen, können wir eine integrativere und gerechtere Welt schaffen. Ein weiterer beunruhigender Aspekt meiner Erfahrungen in Europa ist das allgegenwärtige Problem der Stereotypen, insbesondere in Bezug auf Drogen. Viele Menschen, die einen schwarzen Menschen sehen, ziehen daraus vorschnell den Schluss, dass dieser mit Drogen zu tun hat. Dieses unbegründete Klischee erstreckt sich auch auf erfolgreiche Schwarze, denen oft unterstellt wird, dass sie sich in irgendeiner Form strafbar machen, um ihren Erfolg zu erreichen. Diese Stereotypen sind schädlich und halten einen Kreislauf aus Diskriminierung und Misstrauen aufrecht. Sie untergraben die Leistungen schwarzer Menschen und schüren ein Klima des Misstrauens und der Vorurteile. Es ist entmutigend zu sehen, dass solche Vorurteile fortbestehen, insbesondere in Gesellschaften, die sich Fairness und Gleichheit auf die Fahnen geschrieben haben.

Es ist wichtig, diese Klischees aktiv zu bekämpfen. Bildung und ein offener Dialog sind der Schlüssel, um diese falschen Vorstellungen auszuräumen. Die Menschen müssen die vielfältigen Beiträge schwarzer Menschen in verschiedenen Bereichen – Wissenschaft, Kunst, Wirtschaft, Sport – sehen und erkennen, dass

Erfolg auf harter Arbeit, Talent und Hingabe beruht und nicht auf kriminellen Aktivitäten. Indem wir diese Probleme direkt ansprechen, können wir eine integrativere und verständnisvollere Gesellschaft fördern. Es geht darum, die Menschen so zu sehen, wie sie wirklich sind und nicht durch die Brille unbegründeter Vorurteile. Wir alle müssen eine Rolle dabei spielen, eine Welt zu schaffen, in der jeder nach seinem Charakter und seinen Fähigkeiten beurteilt wird und nicht nach seiner Hautfarbe oder den damit verbundenen Stereotypen. Ich erinnere mich an einen Besuch in Basel, bei dem ich ein schreckliches Erlebnis hatte, das mich zutiefst enttäuscht und verärgert hat. Ich spazierte durch die Stadt und genoss den Tag, als ich plötzlich von der Polizei angehalten wurde. Es waren viele Leute auf der Strasse, aber ich wurde herausgegriffen, weil ich die einzige dunkelhäutige Person in der Nähe war. Die Polizisten kamen in ihrem Auto, machten eine grosse Szene und begannen auf Deutsch zu sprechen. Obwohl ich Deutsch spreche, tat ich so, als ob ich nicht verstehen würde, was sie wirklich sagten. Als sie nach meinem Ausweis fragten, fragte ich sie auf Englisch, warum sie ihn brauchten. Sie gaben mir einige fadenscheinige Ausreden, weil sie sich in der Nähe der deutsch-französischen Grenze befanden. Ich wies sie darauf hin, dass sie viele andere Menschen auf der Strasse umgangen und nur mich angesprochen hätten. Ein Beamter sagte daraufhin zu seinem Kollegen auf Deutsch, dass es daran läge, dass ich schwarz sei und dass sie Leute wie mich verdächtigten, die Grenze illegal zu überschreiten. Nachdem ich meinen Ausweis ausgehändigt und dieser kontrolliert wurde, sprach ich auf Deutsch mit ihnen und gab zu verstehen, dass ich alles verstanden hatte, was sie gesagt hatten. Der Beamte schien peinlich berührt und verteidigte sich, indem er betonte, er sei kein Rassist und erwähnte, dass er einen Kollegen aus Ghana habe. Dieser Vorfall verdeutlichte, dass Rassismus nicht etwas Angeborenes ist, sondern tief in Systemen und erlernten Verhaltensweisen verwurzelt ist. Der Beamte mag ein netter Mensch sein, aber sein Handeln wurde von systembedingten Vorurteilen und vorgefassten Meinungen über Schwarze bestimmt.

Bei mehreren Gelegenheiten wurde ich von verdeckten Ermittlern und zufälligen Personen auf der Strasse angesprochen und gefragt, ob ich Drogen hätte. Mit weisshäutigen Menschen, die herumlaufen, würden sie das nicht tun. Es ist traurig und frustrierend, denn diese Stereotypen und Annahmen sind schädlich. Ich frage mich immer, warum sie Schwarze ins Visier nehmen und annehmen, dass sie in Drogen oder kriminelle Aktivitäten verwickelt sind. Wenn ein Ausländer keinen Job oder keine Unterstützung hat, wird er vielleicht in solche Richtungen gedrängt, aber es sind oft diejenigen an der Spitze, unabhängig von der Hautfarbe, die diese illegalen Aktivitäten kontrollieren und davon profitieren. Die Bewältigung dieser Probleme erfordert das Streben nach einer besser organisierten und integrativen Gesellschaft. Drogensucht ist ein grosses Problem, das Menschen aller Schichten betrifft. Viele talentierte und vielversprechende Menschen erliegen der Sucht, trotz zahlreicher Therapien und Interventionen. Die Schaffung eines Umfelds, in dem jeder glücklich, gut ausgebildet und unterstützt sein kann, ist für den Aufbau einer besseren Welt von entscheidender Bedeutung. Es ist wichtig, diese systembedingten Vorurteile in Frage zu stellen und zu ändern, um sicherzustellen, dass alle Menschen, unabhängig von ihrer Hautfarbe, ohne Angst vor Diskriminierung und Vorurteilen leben können. Sie können Ihre besten Bemühungen immer noch verbessern. Und denken Sie daran, dass Ihr Bestes nie das Allerbeste ist. In der Schweiz habe ich viele Menschen mit brauner Hautfarbe kennengelernt, die oft ihre Frustration über das System zum Ausdruck bringen. Sie geben schnell auf, werden depressiv und laufen unmotiviert und untätig herum. Ich sage ihnen immer, dass es wichtig ist, sich weiter anzustrengen, auch wenn das System gegen einen zu sein scheint. Es liegt in ihrer Verantwortung, herumzusitzen und ihre Träume sterben zu lassen. Das System mag einen nicht unterstützen, aber das bedeutet nicht, dass man an seine Grenzen glauben musst. Ihre Gabe ist einzigartig und oft werden die Menschen Sie nicht verstehen oder unterstützen, bis Sie es zu etwas Grossem gebracht haben. Sich über die Korruption des Systems zu beschweren, wird nichts ändern. Fragen Sie sich stattdessen, was Sie der Welt anbieten können. Nur weil Sie in einem schwierigen Umfeld leben, heisst das nicht, dass Sie Ihr Potenzial einschränken sollten. Ihr Talent und Ihre Bemühungen können der ganzen Welt zugutekommen, nicht nur Ihrer unmittelbaren Umgebung.

Es ist wichtig, Widrigkeiten zu überwinden und Mentoren zu finden, die einen leiten können. Ich habe zu verschiedenen Mentoren aufgeschaut, die mein Leben in vielerlei Hinsicht geprägt haben – spirituell, emotional, akademisch und geistig. Menschen wie Peter Senge, David Goggins, T.D. Jakes und andere haben mir geholfen zu verstehen, dass es nicht darauf ankommt, wo man steht, sondern was man in sich hat und wie man es zum Vorschein bringt. Viele erfolgreiche Menschen, wie Oprah Winfrey, Serena Williams und Barack Obama, kommen aus schwierigen Verhältnissen. Ihre Geschichten zeigen, dass man Grosses erreichen kann, wenn man sich eine bessere Zukunft vorstellt und mit Glauben und Entschlossenheit darauf hinarbeitet. Lassen Sie sich von niemandem von Ihrer Berufung abbringen. Das Universum hat einen Weg, Sie mit den richtigen Menschen zu verbinden, wenn Sie Ihrem Weg treu bleiben.

Unsere Generation tut sich oft schwer mit dem Übergang von der Kindheit zum Erwachsensein. Viele Männer sind ohne starke männliche Vorbilder aufgewachsen, weil ihre Väter oft berufstätig oder abwesend waren. Dieser Mangel an Führung kann zu einem verzögerten Verständnis von Erwachsensein und Verantwortung führen. Männer werden oft in eine Schublade gesteckt. Von ihnen wird erwartet, dass sie erfolgreich sind und sie werden hart verurteilt, wenn sie es nicht sind. Dieser Druck kann dazu führen, dass viele aufgeben. Aber es ist wichtig, sich daran zu erinnern, dass jeder Weg einzigartig ist. Der Glaube an eine höhere Macht oder an Gott kann Orientierung und Sinn geben. Es ist eine persönliche Beziehung, die Geheimnisse in Ihnen offenbaren und Ihnen helfen kann, Ihr bestes Selbst hervorzubringen. Unabhängig davon, ob Sie an Gott glauben oder nicht, ist es wichtig, eine Quelle der Kraft und Inspiration zu finden, die Sie auf Ihrem Weg unterstützt. Im Leben geht es um den Prozess, nicht nur um das Ziel. Die Herausforderungen, mit denen Sie konfrontiert werden, formen Sie, lehren Sie und lassen Sie selbst die kleinen Dinge schätzen. Lassen Sie sich auf die Reise ein und Sie werden feststellen, dass Ihre Erfahrungen Ihren Charakter und Ihre Widerstandsfähigkeit stärken und Sie in die Lage versetzen, Ihre Träume trotz aller Widrigkeiten zu verwirklichen. Das Leben als afrikanischer Einwanderer in Europa bringt eine Vielzahl von Herausforderungen mit sich – nicht zuletzt kulturelle Unterschiede. Die afrikanischen Kulturen sind reich und vielfältig und haben ihre eigenen Grundsätze und Traditionen, die manchmal mit denen der europäischen Länder kollidieren. Diese kulturelle Dissonanz ist im Alltag deutlich zu spüren, da der Einzelne sich bemüht, sein kulturelles Erbe zu bewahren und sich gleichzeitig an das neue kulturelle Umfeld anzupassen. Eine der grössten Herausforderungen besteht darin, das Gleichgewicht zwischen der Bewahrung der eigenen kulturellen Identität und der Integration in die Gesellschaft des Gastlandes zu finden. Dies ist keine einfache Aufgabe. Afrikanische Kulturen betonen beispielsweise oft die Gemeinschaft und die kollektive Verantwortung, während europäische Kulturen, wie die der Schweiz oder Deutschlands, einen höheren Wert auf Individualismus und persönliche Autonomie legen. Dieser grundlegende Unterschied kann zu Missverständnissen und Konflikten führen.

Der Versuch, die kulturelle Ethik zu wahren und sich gleichzeitig an die vorherrschende Kultur anzupassen, ist ein heikler Balanceakt. Es ist ein ständiges Hin und Her zwischen dem Festhalten an traditionellen Bräuchen und der Übernahme neuer Lebensweisen. Dieses Doppelleben kann anstrengend und verwirrend sein, da es sich oft so anfühlt, als würde man in zwei Welten gleichzeitig leben. Doch dieser Prozess der kulturellen Aushandlung kann auch bereichernd sein. Das Erlernen und Einbeziehen von Elementen aus verschiedenen Kulturen können zu einem umfassenderen Verständnis der Welt führen und das persönliche Wachstum fördern. Ich habe aus erster Hand erfahren, wie belastend kulturelle Missverständnisse für Beziehungen sein können. Ich kenne zum Beispiel mehrere Menschen, deren Beziehungen nicht deshalb scheiterten, weil sie sich nicht mochten, sondern weil sie mit den kulturellen Unterschieden nicht zurechtkamen. Für einen Aussenstehenden mögen diese Unterschiede trivial erscheinen. Für die Beteiligten können sie jedoch von grosser Bedeutung sein. Kleine, alltägliche Praktiken – wie Begrüssungen, familiäre Verpflichtungen und soziale Normen – haben eine grosse kulturelle Bedeutung und können zu Streitpunkten werden. Kulturelle Nuancen zu verstehen und zu respektieren ist entscheidend für das Zusammenleben. Es ist wichtig, sich in die Lage des anderen zu versetzen und die Welt aus seiner Perspektive zu betrachten. Wenn Sie beispielsweise an gesellschaftlichen Veranstaltungen teilnehmen, kann das Verständnis für die Sitten und Bräuche Ihrer Gastgeber zu einer sinnvolleren Interaktion führen. Wenn jemand mit europäischem Hintergrund ein afrikanisches Haus besucht, muss er vielleicht die Bedeutung der Grossfamilie und des Gemeinschaftslebens verstehen, die sich von seinen eigenen Erfahrungen stark unterscheiden können. Ebenso muss sich ein Afrikaner, der in Europa lebt, möglicherweise an den privaten und individualistischen Lebensstil gewöhnen, der in vielen europäischen Ländern vorherrscht. Die Anpassung an eine neue Kultur bedeutet nicht, dass man seine eigene aufgeben muss. Es geht darum, eine harmonische Mischung zu finden, die gegenseitigen Respekt und Verständnis ermöglicht. Die Akzeptanz kultureller Vielfalt bereichert sowohl die Aufnahmegesellschaft als auch die Einwanderergemeinschaft. Sie eröffnet Möglichkeiten zum Lernen und Wachsen und fördert eine integrativere und empathischere Welt.

Ausserdem ist dieser kulturelle Austausch nicht einseitig. Die Europäer können viel von den afrikanischen Kulturen lernen. Die afrikanische Betonung von Gemeinschaft und Kollektivismus zum Beispiel kann wertvolle Einsichten in die Schaffung stärkerer, unterstützender sozialer Netzwerke bieten. Durch die Auseinandersetzung mit diesen unterschiedlichen kulturellen

Perspektiven können die Menschen einen ganzheitlicheren Ansatz für das Leben entwickeln. Die Bildung spielt in diesem Prozess eine entscheidende Rolle. Viele kulturelle Konflikte entstehen aus Unwissenheit oder mangelndem Verständnis. Indem wir die Menschen über verschiedene Kulturen aufklären, können wir Klüfte überbrücken und ein integrativeres Umfeld fördern. Schulen, Arbeitsplätze und Gemeinden sollten kulturelles Bewusstsein und Sensibilität fördern. Dies kann durch kulturelle Austauschprogramme, Workshops und offene Dialoge erreicht werden, die Menschen dazu ermutigen, ihre Erfahrungen zu teilen und voneinander zu lernen. Der Satz «Versetzen Sie sich in die Lage eines anderen» bringt diesen Ansatz auf den Punkt. Wenn wir uns die Zeit nehmen, den kulturellen Hintergrund und die Erfahrungen anderer zu verstehen, ebnen wir den Weg für Empathie und Verbundenheit. Dieses Verständnis hilft, Stereotypen und Vorurteile abzubauen und sie durch Respekt und Wertschätzung zu ersetzen

Kulturelle Unterschiede können für afrikanische Einwanderer in Europa zwar eine Herausforderung darstellen, bieten aber auch Chancen für Wachstum und Bereicherung. Wenn wir diese Unterschiede mit Einfühlungsvermögen und Verständnis überwinden, können wir eine integrativere und harmonischere Gesellschaft aufbauen. Der Prozess erfordert Anstrengungen und Bereitschaft von allen Seiten, aber die Belohnung – gegenseitiger Respekt, bereichertes Leben und eine besser vernetzte Welt – ist es wert.

Einer der bekanntesten und bewundernswertesten Aspekte vieler europäischer Länder ist ihr Engagement für die Menschenrechte. Dieses Engagement für den jedem Menschen innewohnenden Wert ist ein Eckpfeiler ihrer Regierungs- und Gesellschaftsstrukturen. Unter diesen Ländern sticht die Schweiz durch ihre vorbildliche Regierungsführung und die nahtlose Integration der Menschenrechte in ihre tägliche Praxis hervor. Das Schweizer Modell bietet wertvolle Lektionen, die andere Nationen, insbesondere in Afrika, inspirieren und zu einer effektiveren und humaneren Führung anleiten können. In der Schweiz sind die Menschenrechte nicht nur ein theoretisches Konstrukt, sondern eine gelebte Realität, die jeden Aspekt der Gesellschaft durchdringt. Die Schweizer haben ein Umfeld kultiviert, in dem die Würde jedes Einzelnen respektiert und geachtet wird. Diese Achtung der Menschenrechte manifestiert sich auf vielfältige Weise. Von der Gleichbehandlung der Bürger bis hin zur Zugänglichkeit öffentlicher Dienstleistungen. Der gesellschaftliche Wert, der jedem Einzelnen beigemessen wird, trägt dazu bei, dass einen hohen Lebensstandard und einen starken Gemeinschaftssinn hat. Ein bemerkenswertes Beispiel für den schweizerischen Egalitarismus ist die Bescheidenheit und Zugänglichkeit der führenden Politiker. Es ist nicht ungewöhnlich, dass Schweizer Politiker, darunter auch der Bundespräsident oder die Bundespräsidentin, zusammen mit normalen Bürgern öffentliche Verkehrsmittel benutzen. Diese Praxis ist mehr als eine symbolische Geste; sie spiegelt einen tief verwurzelten kulturellen Wert der Gleichheit und Zugänglichkeit wider. Indem sie dieselben öffentlichen Räume und Dienstleistungen nutzen, zeigen die Schweizer Politiker, dass sie sich für die Menschen einsetzen und mit deren Alltag verbunden bleiben. Diese Zugänglichkeit trägt dazu bei, ein Gefühl des Vertrauens und der Verantwortlichkeit zwischen der Regierung und den Bürgern zu fördern. Das Schweizer Demokratiemodell ist ein weiterer Bereich, in dem sich das Land auszeichnet. Die Schweiz arbeitet mit einem System der direkten Demokratie, bei dem die Bürger ein erhebliches Mitspracherecht bei Regierungsentscheidungen haben. Dieses System stellt sicher, dass wichtige politische Massnahmen und Veränderungen der öffentlichen Meinung unterliegen und durch Referenden und Volksinitiativen genehmigt werden. Dieser partizipatorische Ansatz stärkt nicht nur die Bürgerinnen und Bürger, sondern sorgt auch dafür, dass die Regierung gegenüber den Menschen, denen sie dient, reaktionsfähig und rechenschaftspflichtig bleibt. Bevor eine wichtige Entscheidung getroffen wird, werden die Schweizer Bürgerinnen und Bürger häufig aufgefordert, über die betreffende Frage abzustimmen. Dieser Prozess der öffentlichen Konsultation und der direkten Abstimmung stellt sicher, dass die Stimmen der Menschen gehört und im Regierungsprozess berücksichtigt werden. Ein solcher demokratischer Rahmen fördert eine Kultur des bürgerlichen Engagements und der Verantwortung und ermutigt die Bürgerinnen und Bürger, sich aktiv an der Gestaltung der Zukunft ihres Landes zu beteiligen. Diese Grundsätze der Regierungsführung und der Menschenrechte in der Schweiz bieten wertvolle Anhaltspunkte für andere Länder, insbesondere in Afrika. Zwar hat jedes Land seinen eigenen kulturellen und historischen Kontext, doch gibt es universelle Grundsätze der guten Regierungsführung und der Menschenrechte, die angepasst und umgesetzt werden können, um das Wohlergehen der Bürger zu verbessern.

Eine wichtige Lektion ist, wie wichtig es ist, den Menschenrechten und der Würde jedes Einzelnen Priorität einzuräumen. In vielen afrikanischen Ländern können sich führende Politiker vom Schweizer Modell inspirieren lassen, indem sie ein Umfeld fördern, in dem die Menschenrechte geachtet und geschützt werden.

Dies kann durch Gesetzesreformen, öffentliche Aufklärungskampagnen und die Einrichtung unabhängiger Menschenrechtsgremien erreicht werden, die Menschenrechtsverletzungen überwachen und dagegen vorgehen. Ausserdem sind die Zugänglichkeit und Bescheidenheit der führenden Politiker in der Schweiz ein gutes Beispiel für afrikanische Politiker. Indem sie die Kluft zwischen Regierung und Bevölkerung überbrücken, können sie Vertrauen aufbauen und sicherstellen, dass sie mit den Realitäten und Bedürfnissen ihrer Bürger in Kontakt bleiben. Dies kann durch die Einführung von Praktiken erleichtert werden, die Transparenz und Rechenschaftspflicht fördern, wie z. B. die regelmässige Einbindung der Öffentlichkeit und die Nutzung öffentlicher Dienste durch Regierungsbeamte. Das Schweizer Modell der direkten Demokratie bietet ebenfalls wertvolle Lektionen. Afrikanische Länder können ihre demokratischen Prozesse verbessern, indem sie die Möglichkeiten der Bürgerbeteiligung an der Entscheidungsfindung erhöhen. Dies könnte die Durchführung von Volksabstimmungen bei wichtigen politischen Entscheidungen, die Förderung der staatsbürgerlichen Bildung zur Sensibilisierung für demokratische Rechte und Pflichten sowie die Förderung einer Kultur der öffentlichen Debatte und Konsultation beinhalten. In Ländern wie Kenia und Ghana beispielsweise kann die Einführung robusterer Mechanismen für die Konsultation und Beteiligung der Öffentlichkeit dazu beitragen, dass die Politik der Regierung den Willen und die Bedürfnisse der Bevölkerung widerspiegelt. Solche Massnahmen können auch die Korruption eindämmen, indem sie den Entscheidungsprozess transparenter und rechenschaftspflichtiger machen. Die Anpassung dieser Praktiken an den afrikanischen Kontext erfordert jedoch einen nuancierten Ansatz. Es ist wichtig, die lokalen kulturellen, sozialen und politischen Gegebenheiten zu berücksichtigen. So können beispielsweise traditionelle Führungsstrukturen und gemeinschaftsbasierte Entscheidungsprozesse in vielen afrikanischen Gesellschaften mit modernen demokratischen Praktiken in Einklang gebracht werden, um ein integrativeres und repräsentativeres Regierungsmodell zu schaffen. Neben strukturellen Reformen ist auch ein kultureller Wandel hin zu Wertschätzung und Schutz der Menschenrechte erforderlich. Dieser Wandel kann durch Bildungs- und Sensibilisierungskampagnen vorangetrieben werden, die die Bedeutung der Menschenrechte und die Rolle der Bürger bei ihrer Wahrung hervorheben. Schulen, Medien und Gemeindeorganisationen können eine zentrale Rolle bei der Förderung dieses kulturellen Wandels spielen. Das Schweizer Modell der Regierungsführung und der Menschenrechte bietet eine überzeugende Vorlage für andere Nationen, die eine bessere Führung und gesellschaftliches Wohlergehen anstreben.

Indem sie die Menschenrechte in den Vordergrund stellen, eine zugängliche und bescheidene Führung fördern und die demokratische Teilhabe stärken, können die afrikanischen Länder bedeutende Fortschritte auf dem Weg zu einer effektiveren und humaneren Regierungsführung machen. Vom Beispiel der Schweiz zu lernen und diese Grundsätze an den lokalen Kontext anzupassen, kann zum Aufbau von Gesellschaften beitragen, in denen die Würde und die Rechte jedes Einzelnen geachtet und gewahrt werden und den Weg für eine bessere und gerechtere Zukunft ebnen.

Der Grund, warum die meisten Menschen nicht auf eine höhere Ebene aufsteigen, ist, dass sie keinen Coach als Führungskraft haben. Egal, wie gut man ist, man muss immer jemanden finden, mit dem man reden kann.

A. O. M. Fobellah

KAPITEL 6

Transnationale Entwicklung

Die Geschichte der Migration ist ein Geflecht aus Hoffnung, Angst, Widerstandskraft und Veränderung. Für viele Mitglieder der afrikanischen Diaspora sowie für Flüchtlinge aus Afghanistan, dem Irak, der Ukraine und anderen vom Krieg zerrütteten Regionen bedeutet die Reise nach Europa eine Flucht aus den Wirren des Krieges in die Sicherheit. Dieser Übergang ist jedoch mit Herausfordcrungen verbunden, die über die unmittelbare Erleichterung, dem Konflikt entkommen zu sein, hinausgehen. Es ist wichtig, die Nuancen dieser Herausforderungen und die entscheidende Rolle der Integration bei der Förderung eines Gefühls der Zugehörigkeit und des Sinns für Flüchtlinge in europäischen Ländern zu erforschen. Die Migration nach Europa, die durch die Notwendigkeit, Krieg und Verfolgung zu entkommen, ausgelöst wurde, hat das Leben unzähliger Menschen umgekrempelt. Die anfängliche Erleichterung, einen sicheren Hafen zu erreichen, wird oft von der gewaltigen Aufgabe der Integration überschattet. Für diese Migranten bedeutet die Veränderung nicht nur eine geografische Verlagerung, sondern erfordert eine umfassende Anpassung an neue kulturelle, soziale und wirtschaftliche Gegebenheiten. Eines der drängendsten Probleme, mit denen sich Asylsuchende konfrontiert sehen, sind die Lebensbedingungen, in denen sie sich nach ihrer Ankunft wiederfinden. Zwar haben europäische Länder wie die Schweiz ihre Türen für Flüchtlinge geöffnet, doch die Bedingungen, unter denen diese Menschen leben, sind oft alles andere als ideal. Oft sind die Asylsuchenden in isolierten Flüchtlingszentren untergebracht, die weit von den städtischen Zentren entfernt sind, was ihre Integration erheblich erschwert. In diesen Zentren, die manchmal nur rudimentär ausgestattet sind, fehlt es an angemessenen Ressourcen wie fliessendem Wasser in allen Räumen, ausreichender Heizung und Zugang zu grundlegenden Annehmlichkeiten. Die Entfernung von der Stadt isoliert die Flüchtlinge nicht nur sozial, sondern auch wirtschaftlich, da die Kosten und Schwierigkeiten, in städtische Gebiete zu reisen, unerschwinglich sind.

Echte Integration erfordert mehr als nur physische Sicherheit; sie erfordert die Schaffung eines Umfelds, in dem Flüchtlinge ihr Leben in Würde wieder aufbauen können. Dazu gehört es, auf ihre unmittelbaren Bedürfnisse einzugehen und den Grundstein für eine langfristige Integration in die Aufnahmegesellschaft zu legen. So ist es beispielsweise von grundlegender Bedeutung, dass die Flüchtlingslager mit grundlegenden Dienstleistungen wie sauberem Wasser, angemessenen sanitären Einrichtungen und zuverlässiger Heizung ausgestattet sind. Darüber hinaus ist die Schaffung von Möglichkeiten zur Interaktion zwischen Flüchtlingen und lokalen Gemeinschaften von entscheidender Bedeutung, um das gegenseitige Verständnis zu fördern und die soziale Isolation zu verringern. Die schweizerische Regierung hat zusammen mit anderen europäischen Einrichtungen grosse Fortschritte bei der Aufnahme von Flüchtlingen gemacht. Der Integrationsprozess ist jedoch noch ausbaufähig. Zu einer wirksamen Integration gehört nicht nur die Befriedigung der Grundbedürfnisse, sondern auch die Bereitstellung von Bildungs- und Berufsmöglichkeiten, die es Flüchtlingen ermöglichen, einen sinnvollen Beitrag zu ihrer neuen Gemeinschaft zu leisten. Dies umfasst Sprachkurse, Berufsausbildung und den Zugang zu höherer Bildung. Indem die Aufnahmeländer den Flüchtlingen die Fähigkeiten vermitteln, die sie brauchen, um erfolgreich zu sein, können sie ihnen helfen, aktive, produktive Mitglieder der Gesellschaft zu werden. Die kulturelle Integration ist ein weiterer wichtiger Aspekt. Flüchtlinge kommen oft aus sehr unterschiedlichen Kulturkreisen mit eigenen Bräuchen, Traditionen und sozialen Normen. Die Erleichterung des kulturellen Austauschs und Verständnisses ist für die Integration von entscheidender Bedeutung. Dies kann durch Gemeinschaftsprogramme erreicht werden, die die Interaktion zwischen Flüchtlingen und Einheimischen fördern, wie z. B. Kulturfestivals, Gemeinschaftsprojekte und Dialogveranstaltungen. Diese Initiativen helfen, Vorurteile abzubauen und Brücken zwischen verschiedenen kulturellen Gruppen zu bauen.

Therapeutische Unterstützung ist auch für Flüchtlinge unverzichtbar, von denen viele die psychologischen Narben von Krieg und Vertreibung tragen. Der Zugang zu psychosozialen Diensten, einschliesslich Beratung und Therapie, kann den Flüchtlingen helfen, ihre traumatischen Erlebnisse zu verarbeiten und mit der Heilung zu beginnen. So können Flüchtlinge aus Konfliktgebieten beispielsweise an Posttraumatischen Belastungsstörungen, Depressionen und Angstzuständen leiden, die ein professionelles Eingreifen erfordern. Durch das Angebot einer umfassenden psychosozialen Betreuung können die Aufnahmeländer den Flüchtlingen bei ihrer Genesung und Integration helfen. Ein anschauliches Beispiel für die erfolgreiche Integration von Flüchtlingen findet sich in Deutschland, das einen vielschichtigen Ansatz zur Unterstützung von Flüchtlingen umgesetzt hat. Die deutschen Integrationskurse, die

Sprachunterricht mit staatsbürgerlicher Bildung kombinieren, helfen den Neuankömmlingen, ihre Rechte und Pflichten in ihrem neuen Land zu verstehen. Darüber hinaus ermöglichen Initiativen wie die «Willkommensklassen» in Schulen Flüchtlingskindern, Deutsch zu lernen und sich gleichzeitig schrittweise in das reguläre Schulsystem zu integrieren. Dieser doppelte Ansatz von Bildung und kultureller Orientierung hat den Flüchtlingen geholfen, sich anzupassen und zurechtzufinden. In ähnlicher Weise hat Schweden Programme entwickelt, die die Bedeutung einer frühen und aktiven Teilnahme am Arbeitsmarkt betonen. Den Flüchtlingen werden Sprachkurse, Kompetenzbewertungen und Arbeitsvermittlungsdienste angeboten. Durch die Erleichterung des Einstiegs in den Arbeitsmarkt unterstützt Schweden nicht nur die wirtschaftliche Selbstständigkeit von Flüchtlingen, sondern nutzt auch ihr Potenzial, einen Beitrag zur nationalen Wirtschaft zu leisten.

In der Schweiz könnte das Konzept der direkten Demokratie und der aktiven Bürgerbeteiligung einen einzigartigen Rahmen für die Integration von Flüchtlingen bieten. Durch die Einbindung von Flüchtlingen in lokale Entscheidungsprozesse und Gemeinschaftsaktivitäten könnte die Schweiz ein Gefühl der Zugehörigkeit und des Handelns unter Neuankömmlingen fördern. Programme, die Flüchtlinge ermutigen, sich an

Freiwilligenarbeit, in der Gemeinde und an Anlässen zu beteiligen, könnten ihnen helfen, sich besser in die Schweizer Gesellschaft zu integrieren.

Trotz dieser Bemühungen bleiben Herausforderungen bestehen. Flüchtlinge sind oft mit Diskriminierung und Vorurteilen konfrontiert, was ihre Integration behindern kann. Um diese Probleme anzugehen, bedarf es gemeinsamer Anstrengungen von Regierung und Zivilgesellschaft. Antidiskriminierungsgesetze müssen rigoros durchgesetzt werden und es sollten Kampagnen zur Sensibilisierung der Öffentlichkeit durchgeführt werden, um für Toleranz und Inklusion zu werben. Bildungsprogramme, die die Vorteile der Vielfalt und den Beitrag von Flüchtlingen hervorheben, können ebenfalls eine wichtige Rolle bei der Veränderung der öffentlichen Wahrnehmung spielen.

Darüber hinaus ist es von entscheidender Bedeutung, Flüchtlinge in die Planung und Umsetzung von Integrationsprogrammen einzubeziehen. Ihre Erfahrungen und Erkenntnisse aus erster Hand können zu einer wirksameren und bedarfsgerechteren Politik führen. Indem sie den Flüchtlingen ein Mitspracherecht bei den Prozessen einräumen, die ihr Leben betreffen, können die Aufnahmeländer sicherstellen, dass die Integrationsbemühungen integrativer und auf die Bedürfnisse der Flüchtlingsgemeinschaft abgestimmt sind.

Die Integration und Entwicklung der afrikanischen und globalen Diaspora in Europa sind komplexe Prozesse, die einen ganzheitlichen Ansatz erfordern. Die Sicherstellung des Zugangs von Flüchtlingen zu Grundbedürfnissen, Bildungs- und Berufsmöglichkeiten, kulturellen Austauschprogrammen und psychosozialer Unterstützung sind wesentliche Bestandteile einer erfolgreichen Integration. Die europäischen Länder, darunter auch die Schweiz, haben bei der Aufnahme von Flüchtlingen lobenswerte Fortschritte erzielt, aber es kann immer noch mehr getan werden. Indem sie von den Erfolgsmodellen lernen und ihre Integrationsstrategien kontinuierlich verbessern, können die europäischen Länder den Flüchtlingen helfen, sich ein neues Leben in Würde und mit Sinn aufzubauen. Dies kommt nicht nur den Flüchtlingen selbst zugute, sondern bereichert auch die Aufnahmegesellschaften und fördert eine vielfältigere, integrativere und dynamischere Gemeinschaft. Der Weg von Krieg und Vertreibung zu Stabilität und Zugehörigkeit ist eine Herausforderung. Aber mit Einfühlungsvermögen, Unterstützung und wirksamen Massnahmen kann dieser Weg zu tiefgreifenden und positiven Veränderungen für alle Beteiligten führen.

Auf unserem Lebensweg stossen wir oft auf Hobbys und Interessen, die in der Schule oder im formalen

Bildungssystem nicht gelehrt werden. Diese Hobbys entstehen auf natürliche Weise, fast so, als wären sie ein Geschenk. Sie bereichern unser Leben, machen Freude und erfüllen uns. Diese Interessen zu verstehen und anzunehmen ist entscheidend für persönliches Wachstum und Glück. Einer der wichtigsten Faktoren für den Erfolg und die Bewältigung verschiedener Aspekte des Lebens sind Selbstgespräche. Die Gespräche, die wir mit uns selbst führen, beeinflussen massgeblich unsere Einstellungen und unser Verhalten. Positive Selbstgespräche fördern eine konstruktive Psyche und ermutigen uns, das Gute im Menschen zu sehen, anstatt uns auf unsere Fehler zu konzentrieren. Dieser Perspektivenwechsel hilft uns, bessere Beziehungen aufzubauen und die Herausforderungen des Lebens besser zu meistern. Die Entwicklung einer positiven Denkweise erfordert bewusste Anstrengung. Dazu gehört, dass wir unseren Verstand trainieren, in jeder Situation und in jeder Person das Gute zu suchen. Das bedeutet nicht, Probleme zu ignorieren oder so zu tun, als gäbe es keine negativen Dinge. Vielmehr bedeutet es, sich auf Lösungen, Lernmöglichkeiten und die positiven Aspekte unserer Erfahrungen zu konzentrieren. Auf diese Weise kultivieren wir unsere Widerstandsfähigkeit und eine optimistischere Einstellung zum Leben. Bildung spielt eine wichtige Rolle für die persönliche Entwicklung. Während die formale Bildung eine Grundlage bildet, ist lebenslanges Lernen für kontinuierliches Wachstum und Anpassung unerlässlich. Dazu gehört nicht nur historisches Wissen, sondern auch Fähigkeiten und Einsichten, die uns helfen werden, die Zukunft zu meistern. Die ständige Suche nach Wissen hält unseren Geist scharf und bereitet uns auf die sich ständig verändernde Welt vor.

Die Überwindung innerer Schwächen ist ein weiterer wichtiger Aspekt des persönlichen Wachstums. Wir alle haben Momente der Faulheit oder des Selbstzweifels. Diese können jedoch durch Entschlossenheit und das richtige Umfeld überwunden werden. Wenn wir uns mit positiven, unterstützenden Menschen umgeben, kann das einen grossen Unterschied machen. Unser Umfeld beeinflusst unsere Gedanken und unser Verhalten. Und wenn wir uns mit Menschen umgeben, die uns aufmuntern und motivieren, können wir uns auf unsere Ziele konzentrieren. Die innere Willenskraft ist ebenso wichtig. Sie treibt uns an, Herausforderungen und Rückschläge zu überwinden. Um diese Willenskraft zu kultivieren, müssen wir uns klare, erreichbare Ziele setzen und uns daran erinnern, warum sie wichtig sind. Wenn wir unser Ziel im Auge behalten und eine positive Einstellung bewahren, können wir Hindernisse überwinden und unsere Ziele erreichen. Man muss sich immer auf einen Weg begeben, auf dem der Erfolg nicht nur eine Möglichkeit, sondern eine Gewissheit ist. Dies erfordert unerschütterliche Entschlossenheit und die Weigerung, aufzugeben. Das Leben wird uns unweigerlich vor Herausforderungen stellen, aber unsere Reaktion auf diese Herausforderungen bestimmt unseren Erfolg. Beharrlichkeit und Widerstandsfähigkeit sind der Schlüssel. Wenn wir uns für unsere Ziele einsetzen und uns nicht von Rückschlägen abschrecken lassen, ebnen wir den Weg zum Erfolg.

In der heutigen Welt können die Ansichten über Freundlichkeit, Aufmerksamkeit und Gefühle missverstanden werden. Manche verwechseln Freundlichkeit mit Flirten, während andere vielleicht nicht verstehen, dass Aufmerksamkeit nicht unbedingt mit Liebe gleichzusetzen ist. Tränen werden oft als Zeichen von Schwäche angesehen, sind aber ein natürlicher und gesunder Ausdruck von Emotionen. Das Verständnis dieser Nuancen hilft uns, Beziehungen und Interaktionen besser zu steuern. Das Leben ist voller unvermeidlicher Umstände, denen jeder begegnet. Wie wir mit diesen Situationen umgehen, macht den Unterschied aus. Wenn wir sie mit der richtigen Einstellung und der Bereitschaft zum Lernen angehen, können wir Herausforderungen in Wachstumschancen verwandeln. Offen für Korrekturen, ohne naiv zu sein, die Dynamik von Freundschaften und Beziehungen zu verstehen und an der

Hoffnung festzuhalten, ist für die persönliche Entwicklung unerlässlich. Für das Richtige zu kämpfen und nach Prinzipien zu leben ist entscheidend. Diese Werte leiten unser Handeln und unsere Entscheidungen und sorgen dafür, dass wir einen positiven Beitrag zur Welt leisten. Sie helfen uns, ein Vermächtnis zu schaffen, das zukünftige Generationen bewundern und darauf aufbauen können. Indem wir mit Integrität leben und unseren Überzeugungen treu bleiben, schaffen wir eine bessere Welt für uns und andere.

Selbstreflexion ist ein mächtiges Werkzeug auf dieser Reise. Wenn wir uns tiefgründige Fragen stellen wie «Warum bin ich hier?» und «Was ist mein Ziel?», kann uns das helfen, Richtung und Sinn im Leben zu finden. Solange wir am Leben sind und atmen, haben wir eine Aufgabe. Die Entdeckung dieses Zwecks bringt Frieden und Erfüllung. Es motiviert uns, jeden Tag mit Absicht zu leben und das Beste aus unserer Zeit zu machen.

Unsere Bestimmung zu akzeptieren, ist eine Reise für sich. Sie beinhaltet die Erkundung unserer Leidenschaften, Stärken und Werte. Es erfordert, dass wir nach innen schauen und uns ehrlich fragen, was uns wirklich wichtig ist. Sobald wir unsere Bestimmung erkannt haben, können wir unsere Handlungen und Entscheidungen danach ausrichten, was zu einem erfüllteren und sinnvolleren Leben führt. Der Lebensweg wird bereichert durch die Hobbys, die wir ausüben, die positive Einstellung, die wir kultivieren und das ständige Streben nach Wissen und Selbstverbesserung. Indem wir uns auf unsere Stärken konzentrieren, uns mit Menschen umgeben, die uns unterstützen und eine positive Einstellung bewahren, können wir Herausforderungen meistern und unsere Ziele erreichen. Unsere Bestimmung zu verstehen und danach zu leben, bringt uns Frieden und Erfüllung und ermöglicht es uns, einen positiven Einfluss auf die Welt zu nehmen. Auf unserem Weg sollten wir uns daran erinnern, dass jeder Tag eine Gelegenheit ist, zu wachsen, zu lernen und zu einer besseren Zukunft für uns und unsere Mitmenschen beizutragen. Eine der grössten Herausforderungen in interkulturellen Beziehungen ist das Aufeinanderprallen von kulturellen Erwartungen. Jede Person geht mit einem an Traditionen und Werten reichen Hintergrund in eine Beziehung, was manchmal zu Missklang führen kann. Der Begriff «Bestätigungsfehler» spielt hier eine wichtige Rolle. Wenn wir unsere Partner durch eine Linse betrachten, die durch vorgefasste Meinungen getrübt ist, sehen wir nicht das ganze Spektrum ihrer Menschlichkeit. Wir verwechseln Meinungsverschiedenheiten mit Respektlosigkeit und vergessen dabei, dass man anderer Meinung sein kann, ohne den anderen zu verachten. Respekt ist das Fundament der Verständigung, ohne dieses jede Hoffnung auf eine Lösung zerbröckelt.

In dem komplizierten Tanz der Beziehungen bewegen sich Frauen und Männer oft in unterschiedlichen Rhythmen. Vor allem Frauen haben ihre eigene Art, sich in der Gefühlswelt zurechtzufinden, was manchmal verwirrend sein kann. Das heisst nicht, dass das eine Geschlecht schwieriger zu verstehen ist als das andere, sondern vielmehr, dass jedes Geschlecht seine eigenen komplexen Eigenheiten mitbringt. Der Schlüssel liegt darin, diese Unterschiede anzuerkennen und zu würdigen, anstatt zuzulassen, dass sie zu einer Quelle des Streits werden. Um diese Herausforderungen zu meistern, muss man die Fähigkeit kultivieren, dem anderen zuzuhören – wirklich zuzuhören. Zuhören bedeutet nicht nur, Worte zu hören, sondern auch die Gefühle und Absichten zu verstehen, die dahinterstehen. Es erfordert einen offenen Geist, der bereit ist, sich auf Perspektiven einzulassen, die zunächst fremd erscheinen mögen. Diese Offenheit fördert die Zusammenarbeit und ermöglicht es den Partnern, die Kluft der Missverständnisse zu überbrücken. Mit Blick auf die Ehe ist die Schaffung eines Umfelds des inneren Friedens und des Glaubens von grösster Bedeutung. Dazu gehört das Wissen, dass die Beziehung grösser ist als die beteiligten Personen. Sie ist ein heiliger Raum, in dem beide Partner wachsen und gedeihen können. Ein starkes Familienfundament, das auf gegenseitigem Respekt und Verständnis aufbaut, hat die Kraft, nicht nur die Individuen in ihr zu verändern, sondern auch die Welt insgesamt.

In der Bibel gibt es eine tiefgründige Passage, die besonders für Christen von Bedeutung ist und die dieses Konzept anspricht. Im Korintherbrief heisst es: «Euer Glaube soll nicht auf der Weisheit der Menschen beruhen, sondern auf der Kraft Gottes.» Diese Aussage verdeutlicht die Grenzen des menschlichen Verstandes und fordert uns auf, unser Vertrauen auf eine höhere Macht zu setzen. Wenn wir anerkennen, dass grössere Kräfte als wir selbst am Werk sind, können wir unsere Beziehungen mit einem Gefühl der Demut und Gnade angehen. Der Glaube an eine Beziehung fördert ein Gefühl der Sicherheit und Zuversicht, ähnlich wie sich Kinder in der Gegenwart ihrer Eltern beschützt und unbesiegbar fühlen. Bei diesem Glauben geht es nicht um blindes Vertrauen, sondern um einen tief verwurzelten Glauben an das Gute und das Potenzial der Beziehung. Es geht darum, einen Zufluchtsort zu schaffen, an dem sich beide Partner wertgeschätzt und geschätzt fühlen und an dem sie gemeinsam die Stürme des Lebens überstehen können. In unserer modernen

Zeit müssen wir uns bemühen, diese zeitlosen Werte wiederherzustellen. Wir müssen uns daran erinnern, dass die Stärke unserer Familien eine Ausstrahlung auf die Gesellschaft hat. Ein harmonisches Zuhause bringt Menschen hervor, die selbstbewusst, mitfühlend und fähig sind, die Welt zu einem besseren Ort zu machen. Die Welt ist ein Mosaik aus verschiedenen Ökosystemen. Jedes mit seinem eigenen Charme und seinen eigenen Herausforderungen. Diese Vielfalt zeigt sich nicht nur in den menschlichen Kulturen, sondern auch in der natürlichen Welt. Eine denkwürdige Begegnung während eines Besuchs auf Sardinien hat mir dies sehr schön vor Augen geführt. Es war ein Tag, der mit der einfachen Aufgabe des Olivenpflückens begann und mit einer Lektion über die faszinierenden Unterschiede in der Natur endete. Während wir die Oliven von den Bäumen pflückten, wurde die Ruhe plötzlich durch den Anblick einer Schlange unterbrochen. Ohne zu überlegen, sprang und sprintete ich davon, als hinge mein Leben davon ab. Meine Nichten blieben jedoch zurück und ihr Lachen hallte durch den Olivenhain wie eine Szene aus einem Komödienfilm. Sie beobachteten meinen rasanten Lauf mit amüsiertem Unglauben. «Onkel Marvist, du verstehst es nicht!», riefen sie zwischen Kicheranfällen. Verwirrt und noch immer ausser Atem, konnte ich nur zurückrufen: «Es ist eine Schlange!

Lauft!» Ihr Lachen wurde nur noch lauter, als sie sich der Schlange ohne einen Hauch von Angst näherten. «Nein, nein, Onkel Marvist», beharrten sie. «Sie ist nicht gefährlich.» Das verblüffte mich nur noch mehr. Für mich war eine Schlange immer eine potenzielle Bedrohung, eine Lektion, die mir durch meine Erfahrungen in Westafrika eingeimpft wurde. Später erzählte ich ihrem Vater, meinem Schwager, von dem Vorfall. Auch er und meine Schwester kicherten und erklärten, dass die Schlangen auf Sardinien nicht giftig sind. Das war eine Offenbarung für mich, ein Paradigmenwechsel in meiner Wahrnehmung dieser Reptilien. Dann erzählte ich ihnen die warnenden Geschichten aus meiner Heimat Kamerun, aus Nigeria, Ghana und anderen Teilen Westafrikas, wo die Begegnungen mit Schlangen oft hochgiftige Arten betreffen. Dort ist eine Schlange nicht nur ein Tier, sondern eine potenzielle Lebensgefahr. Die Vorstellung, dass Kinder mit einer Schlange spielen, war mir ebenso fremd wie die Vorstellung einer harmlosen Schlange. Diese Begegnung lehrte mich nicht nur die Unterschiede in der Tierwelt der verschiedenen Regionen, sondern auch die Anpassungsfähigkeit der Menschen an ihre Umgebung. In Sardinien wachsen die Kinder mit dem Wissen auf, welche Tiere harmlos sind und lernen, friedlich mit ihrer Umgebung zu koexistieren. Im Gegensatz dazu wachsen wir in Teilen Afrikas mit einem ausgeprägten Sinn für Vorsicht auf, mit einer instinktiven Angst vor Schlangen, die uns von klein auf eingeimpft wird. Die Vielfalt der Natur ist in der Tat umwerfend. Von den umherschwirrenden Insekten bis hin zu den umherstreifenden Tieren prägt jede Umgebung ihre Bewohner auf einzigartige Weise. Das Klima und die Witterungsbedingungen beeinflussen diese Anpassungen noch zusätzlich und schaffen so ein reichhaltiges Geflecht des Lebens, das ebenso vielfältig wie schön ist. Das Leben in verschiedenen Teilen der Welt öffnet Ihnen die Augen für diese Wunder. Man lernt, die örtliche Flora und Fauna zu respektieren und sich an sie anzupassen und versteht, dass das, was an einem Ort gefährlich ist, an einem anderen harmlos sein kann. Diese Anpassungsfähigkeit ist ein Beweis für die Widerstandsfähigkeit und den Einfallsreichtum des menschlichen Geistes.

Wenn ich heute in Europa einer Schlange begegnen würde, wäre meine erste Reaktion vielleicht immer noch Vorsicht, aber gemildert durch das Wissen, dass sie wahrscheinlich harmlos ist. In Afrika hingegen würden meine Instinkte voll zum Tragen kommen und mich dazu drängen, einen Sicherheitsabstand einzuhalten und äusserst vorsichtig zu sein. Diese Erfahrungen haben mein Verständnis für die natürliche Welt erweitert und mich die nuancierte Schönheit unseres Planeten schätzen lassen. Die Unterschiede in der Tierwelt, im Klima und sogar im Umgang des Menschen mit der Natur verleihen dem Leben eine unvergleichliche Würze. Sie erinnern uns daran, dass wir trotz unseres technologischen Fortschritts immer noch tief mit der natürlichen Welt verbunden sind, ständig lernen und uns anpassen. Dieser Vorfall auf Sardinien war zwar im Nachhinein humorvoll, hat mich aber zutiefst daran erinnert, wie vielfältig und wundersam das Leben ist. Es hat mich gelehrt, der Natur mit Vorsicht und Neugierde zu begegnen und die Unterschiede zu akzeptieren, die unsere Welt so lebendig machen. Es sind diese kleinen Abenteuer und Erkenntnisse, die unser Leben bereichern, die uns Geschichten erzählen und Weisheiten weitergeben lassen. Wenn ich an diesen Tag zurückdenke, erfüllt mich ein Gefühl der Dankbarkeit für die gelernten Lektionen und das gemeinsame Lachen. Es sind Momente wie diese, die uns an die Schönheit der Vielfalt erinnern, sowohl in der menschlichen Kultur als auch in der natürlichen Welt. Sie lehren uns, das vielfältige Gewebe des Lebens zu respektieren und zu schätzen und zu verstehen, dass jeder Faden, so unterschiedlich er auch sein mag, zum Reichtum unserer gemeinsamen Erfahrung beiträgt. Wenn wir uns durch die Komplexität interkultureller Beziehungen bewegen, sollten wir dies mit einem offenen Herzen und einem bereitwilligen Geist tun. Nehmen wir die Unterschiede an, die uns einzigartig machen und suchen wir gleichzeitig nach den Gemeinsamkeiten, die uns verbinden. Auf diese Weise können wir Beziehungen aufbauen, die nicht nur dem Test der Zeit standhalten, sondern auch unser Leben auf eine Weise bereichern, die wir uns nie hätten vorstellen können.

Bei meiner Reise in die Weisse Welt geht es nicht nur darum, rassistische Dynamiken zu bewältigen, sondern auch darum, die tiefgreifenden Auswirkungen von Beziehungen zu verstehen. Es geht darum, Barrieren der Voreingenommenheit abzubauen und Brücken des Respekts und des Glaubens zu bauen. Wenn wir unsere Beziehungen mit dieser Einstellung angehen, tragen wir zu einer Welt bei, die integrativer, mitfühlender und letztlich schöner ist.

Denke immer daran, dass es nicht einfach ist, wenn du etwas zum ersten Mal tust. Was auch immer du tust, gib dein Bestes.

A. O. M. Fobellah

KAPITEL 7

Auf dem Weg zu einer Welt der Gleichheit und des Verständnisses

In der Geschichte haben Persönlichkeiten wie Abraham Lincoln als Leuchttürme der Hoffnung und des Fortschritts gestanden und sich für die grundlegende Gleichheit aller Menschen eingesetzt. Lincolns Vermächtnis ist in den Annalen der Geschichte als Zeugnis für das unerbittliche Streben nach Gerechtigkeit verankert. Auch im Sport haben Menschen wie Samuel Eto'o rassistisch motivierte Widrigkeiten überwunden und ihre Plattformen genutzt, um gesellschaftliche Normen in Frage zu stellen und Veränderungen anzuregen. Die Geschichte geht jedoch über individuelle Leistungen hinaus. Nationen auf der ganzen Welt haben begonnen zu erkennen, dass Rassismus nicht nur eine soziale Krankheit, sondern ein Verbrechen gegen die Menschheit ist. In der heutigen Welt werden rassistische Handlungen mit strengen Strafen geahndet, was die wachsende Reife und Einsicht widerspiegeln, dass eine Beurteilung aufgrund der Hautfarbe ungerecht und inakzeptabel ist. Dieser Wandel ist ein schönes Zeugnis für die

Fähigkeit der Menschheit zu Wachstum und Aufklärung. Viele Länder haben bei der Öffnung ihrer Türen für Einwanderer, die vor Unruhen fliehen, eine entscheidende Rolle gespielt. Länder wie die Schweiz, Deutschland, Spanien, Italien, das Vereinigte Königreich, die Vereinigten Staaten, Kanada, Australien und Ruanda haben denjenigen Zuflucht gewährt, die vor Krieg und Verfolgung fliehen. Diese Länder haben dazu beigetragen, eine mitfühlendere Welt zu gestalten und gezeigt, dass Solidarität und Unterstützung in Krisenzeiten Grenzen überschreiten können.

Der jüngste Konflikt in der Ukraine ist ein ergreifendes Beispiel dafür, wie die internationale Gemeinschaft zusammenkommen kann, um solche Krisen zu bewältigen. Die gemeinsamen Anstrengungen zur Unterstützung der ukrainischen Vertriebenen verdeutlichen, wie wichtig globale Einigkeit im Angesicht des Unglücks ist. Über die reine humanitäre Hilfe hinaus umfassen diese Bemühungen auch diplomatische Anstrengungen zur friedlichen Beilegung von Konflikten, um eine weitere Destabilisierung zu verhindern und das Wohlergehen künftiger Generationen zu gewährleisten. Die Schweiz hat sich insbesondere als Drehscheibe für Friedenskonferenzen und diplomatische Verhandlungen hervorgetan. Als neutraler Ort des Dialogs hat die Schweiz zahlreiche Bemühungen um eine gütliche Beilegung von

Konflikten erleichtert. Diese friedensfördernden Techniken sind von entscheidender Bedeutung, wenn es darum geht, einen Rahmen zu schaffen, in dem die Staats- und Regierungschefs ihre Länder mit Weisheit und Weitsicht regieren können, um die Fallstricke des Konflikts zu vermeiden und ein Umfeld der Stabilität und des Wohlstands zu fördern. Die Förderung solcher diplomatischen Initiativen sollte für alle Länder Priorität haben, insbesondere für die afrikanischen Länder, in denen der politische Übergang oft durch Putsche und militärische Übernahmen getrübt wurde. In Ländern wie Nigeria kam es immer wieder zu Unterbrechungen der Regierungsführung, die den Fortschritt des Landes behinderten. Um eine stabilere und wohlhabendere Zukunft aufzubauen, müssen die afrikanischen Nationen von den diplomatischen Praktiken ihrer europäischen Partner lernen, indem sie friedliche Machtübergänge und die Achtung der Menschenrechte fördern.

Der Weg zu einer besseren Regierungsführung in Afrika führt auch über die Beseitigung der eigentlichen Ursachen der Migration. Viele afrikanische Länder stehen vor der Herausforderung, ihre wertvollsten Arbeitskräfte zu verlieren, da junge, qualifizierte Menschen im Ausland nach Möglichkeiten suchen. Diese Abwanderung beraubt den Kontinent seines Potenzials und führt dazu, dass die Länder um Stabilisierung und

Entwicklung kämpfen müssen. Der Mangel an effektiver Regierungsführung und an Möglichkeiten treibt diese Abwanderung voran, was die dringende Notwendigkeit politischer und wirtschaftlicher Reformen verdeutlicht. Um diesen Trend umzukehren, müssen die afrikanischen Staats- und Regierungschefs vorrangig Bedingungen schaffen, die ihre Bürger ermutigen, zu bleiben und einen Beitrag für ihre Heimatländer zu leisten. Dazu gehören Investitionen in Bildung, Gesundheitswesen und Infrastruktur sowie die Förderung eines unternehmerischen Umfelds, das Unternehmertum und Innovation unterstützt. Durch die Schaffung von Wachstums- und Entwicklungsmöglichkeiten können die afrikanischen Länder ihre Talente an sich binden und eine bessere Zukunft für alle aufbauen. Die Erziehung der jungen Generation zu den Werten der Demokratie, der Menschenrechte und der staatsbürgerlichen Verantwortung ist entscheidend für die Gestaltung einer Gesellschaft, die friedliches Zusammenleben und gegenseitigen Respekt schätzt. Schulen und Universitäten müssen zu Brutstätten des kritischen Denkens und des offenen Dialogs werden und die Schüler mit dem nötigen Rüstzeug ausstatten, damit sie sich in einer globalisierten Welt zurechtfinden und einen Beitrag leisten können.

Auch internationale Zusammenarbeit und Partnerschaften können bei diesem Wandel eine wichtige Rolle spielen. Durch die Zusammenarbeit mit Ländern, die ähnliche Herausforderungen erfolgreich gemeistert haben, können die afrikanischen Staaten wertvolle Erkenntnisse und Ressourcen gewinnen. Austauschprogramme, Gemeinschaftunternehmen und Entwicklungshilfe können dazu beitragen, solide Institutionen und nachhaltige Volkswirtschaften aufzubauen. Es ist ein Aufruf zum Handeln für eine integrativere und gerechtere Welt. Sie unterstreicht die Bedeutung von Verständnis, Respekt und Zusammenarbeit bei der Bewältigung der Herausforderungen von Rassismus und Einwanderung. Indem wir aus der Vergangenheit lernen und uns die Grundsätze der Gleichheit und Gerechtigkeit zu eigen machen, können wir eine Welt schaffen, in der alle Menschen, unabhängig von ihrer Herkunft, die Möglichkeit haben, sich zu entfalten. Der Weg zu diesem Ideal ist noch lang, aber mit den gemeinsamen Anstrengungen von Einzelpersonen, Nationen und der internationalen Gemeinschaft können wir weitere Fortschritte auf dem Weg zu einer gerechteren und mitfühlenderen Welt erzielen. Dieser Weg erfordert Mut, Einfühlungsvermögen und ein unerschütterliches Engagement für die Grundsätze der Menschenwürde und des Respekts. Und auf diesem Weg bringt uns jeder noch so kleine Schritt vorwärts und einer Welt näher, in der die

Hautfarbe eines Menschen kein Hindernis mehr für seine Träume ist, sondern ein Teil des reichen Gewebes der Menschlichkeit, das wir alle teilen. Das Leben stellt uns oft vor Situationen, in denen die Kommunikation über Worte hinausgeht. Als farbige Person habe ich gelernt, diese Momente durch ein ausgeprägtes Bewusstsein für Energie und unausgesprochene Hinweise zu meistern. Oft kann man an der Mimik eines Menschen erkennen, ob er aufrichtig freundlich ist oder nur so tut. Diese stille Kommunikation ist vergleichbar mit dem warmen Blick, den man mit jemandem teilt, den man liebt – Augenkontakt, der Bände spricht, ohne dass man ein Wort sagt. Solche nonverbalen Interaktionen sind besonders wichtig, wenn wir Räume betreten, in denen wir nicht wirklich willkommen geheissen werden. Trotz äusserer Behauptungen kann die Energie der Umgebung die zugrunde liegenden Vorurteile verraten. Dieses stille Verständnis ist zwar manchmal traurig, hebt aber die einzigartigen Aspekte der menschlichen Natur hervor. Es erinnert mich an die stillen Gespräche, die wir führen, wenn wir eine alte Liebe treffen. Ohne zu sprechen, werden die gemeinsame Geschichte, die Emotionen und die Erinnerungen wieder wach, lassen vergangene Gefühle wieder aufleben und werfen Fragen über die Was-wäre-wenn-Fragen des Lebens auf.

Diese Erfahrungen lassen uns oft ratlos zurück und wir fragen uns, wo unser Platz in einer Welt ist, die uns aufgrund unserer Hautfarbe manchmal nicht willkommen scheint. In Momenten des Zweifels fragen wir uns vielleicht, warum wir auf diese Weise geboren wurden und fragen uns, ob das Leben mit einem anderen Aussehen einfacher gewesen wäre. Es ist jedoch wichtig, sich daran zu erinnern, dass unser Weg nicht von uns gewählt wurde, sondern dass wir ein Geschenk an die Menschheit sind. Unsere Existenz bringt einzigartige Perspektiven und Stärken mit sich, die zum reichen Teppich der menschlichen Vielfalt beitragen. Die Herausforderungen des Lebens sind vergänglich, wie der Zyklus von Tag und Nacht. Auch wenn die Nacht noch so lang ist, die Morgendämmerung folgt unweigerlich. Dieses Wissen gibt uns Hoffnung und Widerstandsfähigkeit und ermutigt uns, Widrigkeiten zu überstehen. In diesen Prüfungen finden wir unsere Stärke und die Motivation, uns für Gleichheit und Verständnis einzusetzen. Indem wir uns die positiven Aspekte unserer Identität und die stille Kraft unserer Anwesenheit zu eigen machen, können wir eine Welt fördern, in der die Vielfalt gefeiert wird. Gehen wir an jede Situation mit dem Bewusstsein heran, dass der Wandel beständig ist und dass unsere Beiträge, auch wenn sie manchmal unausgesprochen bleiben, von unschätzbarem Wert sind.

Gemeinsam können wir eine integrativere und respektvollere Welt schaffen, in der die Einzigartigkeit jedes Einzelnen anerkannt und gewürdigt wird.

In dem Land, aus dem ich komme, sagt man, dass eine Frau ein Kind zur Welt bringt, aber das Dorf das Kind aufzieht. Dieses aussagekräftige afrikanische Sprichwort verweist auf den gemeinschaftlichen Ansatz bei der Kindererziehung, der in vielen Teilen der Welt vorherrscht, insbesondere dort, wo ich aufgewachsen bin: in Kamerun. Hier geht die Verantwortung für die Erziehung eines Kindes über die unmittelbare Familie hinaus und umfasst die gesamte Gemeinschaft. Nachbarn, Verwandte und sogar Fremde sind gemeinsam verpflichtet, die Kinder zu führen, zu erziehen und zu disziplinieren. Wenn sich beispielsweise ein Kind während der Abwesenheit der Eltern daneben benimmt, ist es nicht ungewöhnlich, dass ein Nachbar einspringt und sanft korrigierend eingreift oder Ratschläge erteilt. Diese gemeinsame Verantwortung fördert eine enge Gemeinschaft, in der die Kinder Respekt, soziale Normen und Werte von den verschiedenen Erwachsenen in ihrem Umfeld lernen. Die gesamte Gemeinschaft wirkt wie eine Grossfamilie und sorgt dafür, dass die Kinder ständig von unterstützenden und lehrreichen Einflüssen umgeben sind.

Im krassen Gegensatz dazu habe ich in der Schweiz

eine ganz andere Dynamik erlebt. Hier liegt die Verantwortung für die Erziehung eines Kindes in erster Linie bei der unmittelbaren Familie – in der Regel bei den Eltern. Die Vorstellung, dass ein Nachbar oder ein Fremder ein Kind diszipliniert, wird oft als aufdringlich oder respektlos empfunden. Sofern sie nicht ausdrücklich dazu ermächtigt sind, mischen sich Nicht-Verwandte in der Regel nicht in den Erziehungsprozess ein. Diese kulturelle Norm unterstreicht die Betonung der einzelnen Familieneinheiten und der persönlichen Grenzen in den europäischen Gesellschaften. Dieser Unterschied war für mich anfangs verblüffend. Im Vergleich zu dem gemeinschaftlichen Ansatz, an den ich gewöhnt war, erschien er mir restriktiv und etwas isolierend. Mit der Zeit lernte ich jedoch die Prinzipien zu schätzen, die diesen Praktiken zugrunde liegen. Die Schweizer Methode legt grossen Wert auf persönliche Autonomie und elterliche Autorität und stellt sicher, dass die Eltern die Hauptkontrolle über die Erziehung ihrer Kinder behalten. Dieser Ansatz ist zwar anders, aber ebenso gültig und zeigt die Vielfalt der Erziehungsphilosophien in den verschiedenen Kulturen. Eine auffällige Erkenntnis war der Unterschied in den Disziplinierungspraktiken. In Kamerun ist die körperliche Züchtigung, z. B. durch leichtes Auspeitschen, eine akzeptierte Form der Disziplinierung. Ein paar Schläge auf den Hintern bei Fehl-

verhalten gelten als Standardmethode, um Kindern bei-
zubringen, was richtig und was falsch ist. Diese Praxis,
die zwar in der Tradition verwurzelt ist, erschien mir
hart, als ich den Schweizer Ansatz kennenlernte, wo
körperliche Bestrafung nicht nur verpönt, sondern auch
illegal ist. In der Schweiz wird Disziplin durch verbale
Kommunikation, Argumentation und das Setzen klarer
Grenzen ausgeübt.

Zunächst betrachtete ich diesen sanften Ansatz mit
Skepsis, da ich mit einer strengeren Methode aufgewachsen war. Als ich jedoch in der Schweiz lebte, konnte ich mich von der Wirksamkeit der gewaltfreien Disziplin überzeugen. Ich beobachtete, wie Kinder durch
aufmerksame Kommunikation und positive Verstär-
kung zu respektvollen und gut erzogenen Menschen
werden konnten, ohne dass körperliche Strafen nötig
waren. Diese aufgeklärte Perspektive veränderte mein
Verständnis von effektiver Erziehung und Konfliktlö-
sung. Diese Erfahrungen haben mir die tiefe Schönheit
der kulturellen Vielfalt vor Augen geführt. Das Verständnis und die Wertschätzung unterschiedlicher kultureller Praktiken bereichern unsere Weltanschauung
und verbessern unsere Fähigkeit, mit Menschen unterschiedlicher Herkunft in Kontakt zu treten. Im Ge-
schäftsleben, in der Kommunikation oder in den internationalen Beziehungen kann das Wissen um das kultu-

relle Erbe anderer Menschen das Einfühlungsvermögen und die Zusammenarbeit fördern. Bei Friedensverträgen oder diplomatischen Verhandlungen zum Beispiel kann die Anerkennung der Erziehung und der Werte der beteiligten Parteien zu effektiveren und respektvolleren Dialogen führen. Die Akzeptanz der Vielfalt kultureller Praktiken lehrt uns, dass es keinen einzigen «richtigen» Weg gibt, ein Kind zu erziehen oder Konflikte zu lösen. Jede Kultur bietet einzigartige Einsichten und Methoden, die zur Vielfalt der menschlichen Erfahrungen beitragen. Indem wir voneinander lernen, können wir die besten Praktiken übernehmen und eine harmonischere und verständnisvollere Welt aufbauen. Letztlich unterstreichen die Mischung aus gemeinschaftlichen und individualistischen Ansätzen, der Übergang von körperlicher zu verbaler Disziplinierung und das breite Spektrum an Erziehungsstilen die Anpassungsfähigkeit und Widerstandsfähigkeit menschlicher Gesellschaften. Durch diese Wertschätzung der Vielfalt können wir die Herzen der anderen wirklich erreichen und eine globale Gemeinschaft fördern, die auf gegenseitigem Respekt und Verständnis beruht.

Ein aussergewöhnlicher Aspekt, der meine Aufmerksamkeit erregte, war die Hochzeitszeremonie. In Afrika ist eine Heirat ein unglaublich wichtiges Ereignis, das tief in den kulturellen Bräuchen und Traditionen verwurzelt ist. Ein bemerkenswerter Brauch ist der Brautpreis. Im Gegensatz zu einem festen Preisschild ist der Brautpreis ein Betrag, den sich der Bräutigam leisten kann und der seine Wertschätzung und Verpflichtung symbolisiert. Der Prozess beginnt damit, dass der Bräutigam seine Onkel oder seinen Vater konsultiert. Diese älteren Verwandten begleiten ihn zur Familie der Braut und sprechen oft in afrikanischen Sprichwörtern. Sie könnten sagen: «Es gibt eine Blume in eurem Garten und wir sind gekommen, um sie zu pflücken». Die Familie der Braut könnte daraufhin scherzen: «Es gibt viele Blumen, welche willst du?» Der Bräutigam nennt dann den Namen seiner Geliebten, was dem Antrag eine zusätzliche Ebene der Förmlichkeit und des Respekts verleiht.

Bei einigen Traditionen werden dem Bräutigam die Augen verbunden und die Braut und weitere Frauen präsentieren ihm ihre Handflächen, damit er sie berühren kann. Wenn er die Braut richtig identifiziert, wird gefeiert. Bei einer anderen Variante umarmt der Bräutigam mehrere Frauen und diejenige, die er am längsten festhält, ist seine auserwählte Braut. Für die Braut besteht der Auswahlprozess darin, dass sie ihrem Auserwählten ein Getränk, meist Palmwein, anbietet. Wenn sie sich durch die Menge bewegt und ihm das Getränk überreicht, wird ihre Verbindung symbolisch bestätigt und löst fröhliche Festlichkeiten aus. Ein Vergleich mit den europäischen Bräuchen, insbesondere in der Schweiz, zeigt deutliche Unterschiede. In der Schweiz gibt es keinen Brautpreis. Hochzeiten können intime Angelegenheiten sein, an denen manchmal nur das Paar und ein paar Freunde oder Familienmitglieder teilnehmen. Diese Einfachheit stand im krassen Gegensatz zu den aufwendigen, auf die Gemeinschaft ausgerichteten Zeremonien, die ich aus Afrika gewohnt war. In Afrika kann es als grosses Versäumnis angesehen werden, einen Onkel oder eine Tante nicht einzuladen. Abgesehen von den Zeremonien spielen die kulturellen Unterschiede in den Beziehungen eine grosse Rolle. Afrikanische Kulturen werden oft als einladend und aufgeschlossen beschrieben. Im Gegensatz dazu wirken europäische Kulturen, wie die der Schweiz, oft reserviert und abgeschottet. Diese Divergenz kann zu Missverständnissen führen, wenn die kulturellen Zusammenhänge nicht richtig eingeschätzt werden. Viele Menschen verkennen die tiefgreifenden Auswirkungen dieser kulturellen Unterschiede. So wird in afrikanischen Gesellschaften oft Wert auf Gemeinschaft und kollektive Verantwortung gelegt, während in europäischen Gesellschaften vielleicht Individualismus und Privatsphäre im Vordergrund stehen. Diese Unterschiede werden besonders in Beziehungen und Ehen zwischen

Menschen mit unterschiedlichem kulturellem Hintergrund deutlich. Missverständnisse können durch unterschiedliche Erwartungen und Normen entstehen. So könnte ein afrikanischer Partner die Einbeziehung der Grossfamilie in die Ehe erwarten, während sein europäischer Partner Wert auf Privatsphäre und Unabhängigkeit legt. Diese unterschiedlichen Erwartungen können zu Konflikten führen, wenn sie nicht richtig verstanden und gehandhabt werden. In Beziehungen besteht die Gefahr von Vorurteilen, die auf den eigenen Erfahrungen und kulturellen Prägungen beruhen. Es ist von entscheidender Bedeutung, diese Vorurteile zu überwinden und eine offenere Haltung einzunehmen. Das Verständnis und die Wertschätzung anderer kultureller Werte können den Weg für gesündere und erfüllendere Beziehungen ebnen. Dazu gehört, dass man sich bewusst macht, woher man kommt, wer man ist und was man erreichen möchte. Gleichzeitig sollte man offen dafür sein, etwas über den Hintergrund und die Werte des Partners zu erfahren. Auf dieser Reise des Verstehens geht es nicht nur um den Erwerb von Wissen, sondern auch um die Förderung von Empathie und gegenseitigem Respekt. Wenn beide Partner bereit sind, gemeinsam zu lernen und sich weiterzuentwickeln, bildet dies die Grundlage für eine stärkere Beziehung. Dies erfordert einen Wechsel von der Einstellung «Ich weiss, was ich weiss» zu «Ich weiss, wer ich bin, aber ich bin auch offen dafür, etwas über andere Kulturen und Perspektiven zu lernen». Im Kontext einer multikulturellen Ehe kann dieses Verständnis potenzielle Konflikte in Wachstumschancen verwandeln. Es ermöglicht beiden Partnern, ihre Unterschiede zu schätzen und Gemeinsamkeiten zu finden. Indem sie diesen offenen Ansatz verfolgen, können Paare ein reifes Verständnis und einen Dialog entwickeln, der ihre Bindung stärkt. Dieser Prozess des gegenseitigen Lernens und Respekts ist unerlässlich, um die Komplexität einer multikulturellen Beziehung zu bewältigen. Letztendlich geht es darum, die Schönheit der Vielfalt zu erkennen und die einzigartigen Perspektiven zu schätzen, die jede Person in die Beziehung einbringt. Durch die Förderung eines Umfelds des Verständnisses und der Offenheit können Paare eine harmonische und bereichernde Partnerschaft aufbauen, die über kulturelle Grenzen hinausgeht. Dieser Weg ist nicht ohne Herausforderungen, aber wenn man sich für Verständnis und Wachstum einsetzt, kann er zu einer zutiefst erfüllten und belastbaren Ehe führen.

Unabhängig davon, wer wir sind oder woher wir kommen, gehen wir alle auf unserer Lebensreise einzigartige Wege, die durch unsere unterschiedlichen Hintergründe, Erscheinungsbilder und Identitäten geprägt sind. Ob reich oder arm, gross oder klein, schwarz und weiss, männlich oder weiblich, jung oder alt – unsere Erfahrungen prägen unsere individuelle Geschichte. Doch trotz dieser Unterschiede teilen wir eine universelle Wahrheit: Das Ziel des Erfolgs und das Potenzial, es zu erreichen, liegt in jedem von uns. Schmerz ist ein unvermeidlicher Teil dieser Reise. Er begegnet uns allen in der einen oder anderen Form, sei es durch den Verlust geliebter Menschen, den Zusammenbruch eines Unternehmens, Konflikte, Kriege oder den Schmerz, seine Heimat zu verlassen. Während Schmerz eine gemeinsame menschliche Erfahrung ist, bleibt Leiden eine Wahl. Diese Erkenntnis befähigt uns, unseren Schmerz zu transformieren, anstatt ihn unser Leben diktieren zu lassen. Das Wesentliche bei der Überwindung von Schmerz liegt nicht im Ausmass des erlittenen Leidens, sondern darin, wie wir diesen Schmerz nutzen, um unser Wachstum voranzutreiben. Schmerz kann ein grossartiger Lehrer sein, der uns zu einer stärkeren, weiseren Version von uns selbst formt. Ich rate den Menschen oft, ihren Schmerz anzunehmen, ihn tief zu fühlen und ihn etwas Einzigartiges in ihnen formen zu lassen. Durch diese Transformation finden wir Widerstandskraft und Stärke. Ich erinnere mich, dass der Tod meines Onkels, Herrn Ndum Ayuk, ein tiefer Schock war. Der Schmerz schwingt noch immer tief in mir nach. Er war mehr als nur ein Onkel; er war eine Vaterfigur, ein Mentor und ein Freund. Er brachte mir bei, wie man eine Krawatte bindet, nahm mich zu Fahrstunden mit und gab mir Nachhilfestunden im Autofahren. Seine Weisheit und seine Lebensweise machten ihn zu einer Säule unserer Familie, zu der alle aufschauten. Ich erinnere mich noch lebhaft an unser letztes Gespräch. Es war ein schöner Sonntag, an dem er mir von seinen Plänen für ein neues Bekleidungsgeschäft in Ghana erzählte. Schon am nächsten Tag erfuhr ich von seinem plötzlichen Tod. Der Unglaube war überwältigend – wie konnte jemand, der so lebendig und voller Träume war, in einem Augenblick fort sein? Dieser Verlust führte mir eindringlich vor Augen, wie zerbrechlich das Leben ist und wie wichtig es ist, jeden Augenblick zu geniessen. Sein Tod liess mich den Wert von Güte und Freundlichkeit in einer Welt, in der solche Tragödien passieren können, in Frage stellen. Indem ich sein Andenken ehrte, fand ich jedoch die Motivation, meine Träume zu verfolgen und eine bessere Version meiner selbst zu werden. Jeder, der mit ähnlichem Schmerz konfrontiert ist, sollte sich daran erinnern, dass die Zeit heilt und dass die richtigen Entscheidungen uns helfen können, das Vermächtnis derer, die wir verloren haben, weiterzutragen.

Es ist jedoch wichtig zu verstehen, dass wir nicht

dazu bestimmt sind, auf unbestimmte Zeit zu leiden. Wir haben die Macht, unsere Reaktion auf den Schmerz zu wählen. Wir können entweder im Leiden verharren oder wir können Schritte unternehmen, um es zu überwinden. Es gibt unzählige Möglichkeiten, schmerzhafte Erfahrungen zu überwinden: Wir können eine Therapie machen, uns in Musik vertiefen, uns körperlich betätigen, neue Fähigkeiten erwerben oder uns weiterbilden. Jeder dieser Wege bietet eine Möglichkeit zur Heilung und zum Weiterkommen. Auf unserem Weg zum Erfolg müssen wir anerkennen, dass der Schmerz immer ein Teil unserer Geschichte sein wird. Er ist ein roter Faden, der uns mit anderen verbindet, die einen ähnlichen Weg gegangen sind. Es ist selten, dass es Führungskräfte gibt, die nicht mit grossen Herausforderungen konfrontiert waren. Ähnlich wie das Sprichwort «je älter der Wein, desto reicher der Geschmack» bereichern unsere Kämpfe unseren Charakter und vertiefen unsere Weisheit. Es ist wichtig, der Versuchung zu widerstehen, aus unseren Nöten Bitterkeit oder Hass entstehen zu lassen. Stattdessen sollten wir unsere Erfahrungen nutzen, um unseren Charakter zu stärken und andere zu inspirieren. Indem wir unsere eigenen Herausforderungen meistern, können wir anderen den Weg ebnen und sie vor ähnlichen Prüfungen bewahren. Das sollte das oberste Ziel unseres Lebens sein: unseren Schmerz in ein Leuchtfeuer der Hoffnung und der Orientierung für andere zu verwandeln. In der Fortsetzung meiner Abhandlung gehe ich auf diese Philosophie ein. Die Personen verkörpern die Widerstandsfähigkeit und Stärke, die sich aus der Konfrontation mit dem Schmerz und dessen Umwandlung ergeben. Ich hoffe, durch ihre Geschichten zu verdeutlichen, dass unsere Wege zwar voller Herausforderungen sein mögen, dass aber unsere Fähigkeit, erfolgreich zu sein, uns selbst innewohnt. Nicht die Schwere des Schmerzes macht uns aus, sondern die Stärke und Weisheit, die wir daraus gewinnen. Auf unserer Reise durch das Leben sollten wir uns daran erinnern, dass Schmerz ein Teil der Geschichte eines jeden Menschen ist. Er ist eine gemeinsame Erfahrung, die uns in Empathie und Verständnis vereinen kann. Indem wir unseren Schmerz annehmen und zulassen, dass er uns positiv prägt, können wir Erfolg haben und andere dazu inspirieren, dasselbe zu tun. Unser Weg, der von Widerstandsfähigkeit und Wachstum geprägt ist, kann ein Zeugnis für die Kraft des menschlichen Geistes sein.

Unser Leben ist definitiv ein Zeugnis der Entscheidungen, die wir angesichts von Widrigkeiten treffen. Wir können uns dafür entscheiden, uns vom Schmerz bestimmen zu lassen oder wir können ihn in eine Quelle der Stärke und Inspiration verwandeln. Der Weg zum

Erfolg ist nicht eine gerade Linie; es ist ein kurvenreicher Weg, der sowohl von Freude als auch von Leid geprägt ist. Aber es ist genau diese Reise mit all ihren Höhen und Tiefen, die uns zu dem macht, was wir sind. Lassen Sie uns also, während wir unsere individuelle Reise fortsetzen, unseren Schmerz annehmen, aus ihm lernen und ihn nutzen, um eine bessere Zukunft aufzubauen. Lassen Sie uns danach streben, Führungspersönlichkeiten zu sein, die, nachdem sie durch das Feuer gegangen sind, gestärkt und mitfühlender daraus hervorgehen und bereit sind, andere auf ihrem Weg zum Erfolg zu begleiten. Grübeln kann eine gefährliche Falle sein, besonders für diejenigen, die schwierige Zeiten durchleben. Es ist wichtig zu verstehen, dass ständiges Diskutieren und Nachdenken über Probleme zu einem Kreislauf des Grübelns führen können, der oft in Depressionen mündet. Anstatt sich immer wieder auf Ihre Probleme zu konzentrieren, sollten Sie Ihre Aufmerksamkeit auf das lenken, was Sie an sich selbst und Ihren Lebensumständen ändern können. Auf diese Weise können Sie sich vollkommen auf Ihre Ziele konzentrieren, was zu einer produktiveren und erfüllenderen Reise führt. Sich darüber zu beschweren, warum Dinge passieren oder warum Sie vor bestimmten Herausforderungen stehen, kann kontraproduktiv sein. Konzentrieren Sie sich auf umsetzbare Schritte, die Ihre Situation verbessern können, anstatt sich in der Denkweise «Warum ich?» zu verlieren. Dieser proaktive Ansatz hilft Ihnen, über Ihre Probleme hinauszuwachsen und gibt Ihnen ein Gefühl der Kontrolle und des Ziels. Wenn Sie sich diese Denkweise zu eigen machen, gewinnen Sie ein tieferes Verständnis für das Leben und Ihre eigene Widerstandsfähigkeit, was Sie über die unmittelbaren Probleme, mit denen Sie konfrontiert sind, hinaus transformiert. Die Menschen sind oft verblüfft, wie es anderen gelingt, grosse Hindernisse zu überwinden und ihre Ziele zu erreichen. Der Schlüssel liegt in der Verlagerung des Fokus vom Problem zur Lösung, vom Grübeln zum Handeln. Diese Herangehensweise hilft Ihnen nicht nur, mit Ihrer aktuellen Situation umzugehen, sondern bereitet Sie auch darauf vor, zukünftige Herausforderungen besser zu bewältigen. Ein praktischer Schritt, um diesen Wandel zu erleichtern, ist die Suche nach Mentoren. Ob online, in Ihrer Nachbarschaft oder in der Schule, suchen Sie nach Personen, die die Qualitäten und Leistungen verkörpern, die Sie anstreben. Beobachten Sie ihren Charakter, lernen Sie von ihren Stärken und identifizieren Sie die Eigenschaften, die Sie bei sich selbst entwickeln möchten.

Denken Sie daran, dass jeder Mensch Schwächen hat, aber erfolgreiche Menschen verwandeln diese oft durch Ausdauer und Übung in Stärken. Achten Sie bei der Auswahl eines Mentors auf dessen Ethik und Arbeitsgewohnheiten. Ahmen Sie die Aspekte seines Verhaltens nach, die mit Ihren Zielen und Werten übereinstimmen. So können Sie einen Fahrplan für Ihre persönliche und berufliche Entwicklung erstellen. Darüber hinaus können Mentoren Ihnen wertvolle Ratschläge und Unterstützung geben und Ihnen helfen, Ihren Weg besser zu finden.

Bevor du etwas Neues machst, denke daran: Ich bin mutig, weil ich es versuche, egal wie es ausgeht.

A. O. M. Fobellah

KAPITEL 8

Die Faszination des Kampfes

Ein weiteres Phänomen, das mir oft begegnete und das ich ziemlich faszinierend fand, war die Art und Weise, wie mein Haar die Aufmerksamkeit der Öffentlichkeit auf sich zog. Als afrikanischer Mann, der seine Haare wachsen lässt, wurden sie häufig mit Rastafari oder Dreadlocks verwechselt. Diese Neugier führte oft zu Situationen, in denen die Leute meine Haare anfassen oder mit ihnen spielen wollten. Es war faszinierend zu sehen, wie unsere unterschiedlichen Kulturen und Erscheinungsbilder ein solches Interesse und eine solche Interaktion auslösen konnten. Die Beobachtung der Unterschiede zwischen Europäern und Afrikanern in Bezug auf Haarstruktur, -stil und -farbe hat mich immer wieder zum Nachdenken über die Nuancen unserer Identitäten angeregt.

Ein besonders denkwürdiger Vorfall ereignete sich bei dem Kinderfest in der Nähe der Universität St. Gallen. Diese Veranstaltung zog eine grosse Menschenmenge an, darunter viele Familien und Kinder. Wie üblich begannen die Leute ein Gespräch mit der scheinbar obligatorischen Frage: «Wie bist du in die Schweiz gekommen?» Ich antwortete ehrlich und schilderte meinen Flug von Douala nach Brüssel und dann nach Zürich. Ich musste jedoch feststellen, dass meine direkte Antwort oft zu einer enttäuschenden Reaktion führte. Das höfliche Lächeln schien einen Mangel an Interesse zu überdecken, als ob meine Geschichte nicht spannend genug wäre. Dann veranlasste mich eine Begegnung mit einem älteren Mann dazu, einen anderen Ansatz zu wählen. Als er die unvermeidliche Frage stellte, beschloss ich, eine dramatischere Geschichte auszuhecken. Ich erfand eine fantastische Geschichte, in der es darum ging, mit Hilfe von Voodoo und Zauberei in einer Sardinenbüchse zu reisen, uralte Beschwörungsformeln zu sprechen und auf mystische Weise in Europa zu erscheinen. Zunächst dachte ich, das sei zu weit hergeholt, also wechselte ich zu einer Erzählung über eine Wanderung durch die Sahara von Libyen aus. Die Reaktion des Mannes war unmittelbar und tiefgreifend. Sein Gesicht erhellte sich mit einer Mischung aus Faszination und Mitleid, so als würde er jedes Detail meiner erfundenen Notlage in sich aufnehmen. Er war sichtlich gerührt und bot mir an, mir ein Bier zu spendieren und zeigte damit ein Engagement, wie ich es noch nie erlebt hatte. Diese Interaktion liess mich über eine wichtige Frage nachdenken: Warum interessieren sich die

Menschen mehr für Geschichten von Kämpfen und Widrigkeiten als für gewöhnliche Reisen? Es scheint, dass die Menschen eine seltsame Befriedigung daraus ziehen, anderen zu helfen, wenn sie am schwächsten sind, anstatt sie in ihrer Stärke anzuerkennen und zu unterstützen. Der Vorfall hat einen beunruhigenden Aspekt der menschlichen Natur aufgezeigt. Warum ziehen es viele vor, nur dann eine helfende Hand auszustrecken, wenn sie jemanden als schwach oder angeschlagen wahrnehmen? Warum feiern und unterstützen sie nicht jemanden, der etwas erreicht hat, ohne eine schwere Tortur durchzumachen? Diese Denkweise macht Menschen zu Objekten des Mitleids und nicht zu Gleichgestellten, die Respekt und Bewunderung verdienen. Als ich darüber nachdachte, wurde mir klar, dass echte Hilfe die Menschen befähigen und ihre Würde respektieren sollte. Das Angebot eines Getränks oder eines Paars Schuhe mag vorübergehend Erleichterung verschaffen, aber es geht nicht auf die zugrunde liegenden Probleme ein oder fördert echte Gleichberechtigung. Anstatt in Leidensgeschichten zu schwelgen, sollte sich die Gesellschaft darauf konzentrieren, Bedingungen zu schaffen, unter denen Menschen gedeihen können, ohne ihren Wert durch Not beweisen zu müssen. Diese Erkenntnis hinterliess bei mir ein tiefes Gefühl des Unbehagens. Es wurde deutlich, dass viele

Menschen es vorziehen, sich überlegen zu fühlen, indem sie Hilfe in Situationen anbieten, die ihr eigenes Gefühl von Privileg verstärken. Echte Unterstützung erfordert jedoch, andere in ihrer Stärke und ihren Leistungen anzuerkennen und zu fördern. Es geht darum, eine Gesellschaft zu fördern, in der Gleichberechtigung auf gegenseitigem Respekt und Verständnis basiert und nicht auf Mitleid und Wohltätigkeit. Diese Erkenntnis hat mein Verständnis der Interaktionen, die ich erlebt habe, verändert. Sie unterstrich, wie wichtig es ist, gesellschaftliche Normen zu hinterfragen und eine Welt anzustreben, in der Hilfe aus Respekt und dem Wunsch nach echter Gleichheit geleistet wird und nicht nur als Reaktion auf sichtbares Leid.

Bei meiner Erforschung von Wachstum und Spiritualität ist das Verständnis für die Auswirkungen kultureller und kontinentaler Unterschiede von grösster Bedeutung. Da ich in einer afrikanischen Gesellschaft aufgewachsen bin, zwischen dem Dorf und der Stadt hin und her gependelt bin und später nach Europa gereist bin, habe ich beobachtet, wie tief verwurzelte kulturelle Praktiken, Hintergründe und ethische Grundsätze unsere Erfahrungen prägen. Eine dieser Praktiken, die besonders bemerkenswert ist, ist die Hexerei. Viele Afrikaner glauben an Hexerei und obwohl ich anfangs skeptisch war, haben mich mein christlicher Glaube und mein spiritueller Weg dazu gebracht, ihre Erwähnung in der Bibel als Anerkennung ihrer Existenz anzuerkennen. Das Verständnis von Hexerei ist sehr unterschiedlich. Während viele in der modernen Gesellschaft diese als blosse Märchen abtun, erzählen meine Erfahrungen in kleinen afrikanischen Dörfern und städtischen Zentren eine andere Geschichte. Die Begegnungen mit Menschen, die mit Zauberei in Berührung gekommen sind, unterstreichen die körperlichen und geistigen Auswirkungen, die diese Praktiken haben können. Diese Handlungen, die oft missverstanden oder übersehen werden, haben eine grosse Macht bei der Gestaltung von Individuen und Gemeinschaften. Auf meinem Lebensweg, der mich zwischen Afrika und Europa hin- und herführt, kann ich den tiefgreifenden Einfluss, den die Spiritualität auf meine Erfahrungen hatte, nicht vernachlässigen. Da ich auf beiden Kontinenten gelebt habe, ist mir bewusst geworden, wie tief die Spiritualität bei den Afrikanern verwurzelt ist – ein krasser Gegensatz zu der logischen und faktenorientierten Herangehensweise, die in Europa vorherrscht. Diese Divergenz bietet ein faszinierendes Objektiv, durch das man die menschliche Existenz, den Glauben und die Praktiken betrachten kann.

Als ich in Afrika aufwuchs, war Spiritualität ein fester Bestandteil unseres täglichen Lebens. Die Menschen verehrten Namen, Werkzeuge und Rituale, die tiefe Bedeutungen hatten und über Generationen weitergegeben wurden. Diese Elemente der Spiritualität geben uns ein Gefühl von Identität und Kontinuität und verankern uns in einer Weltanschauung, in der das Unsichtbare ebenso real ist wie das Greifbare. Der Kontrast in Europa war frappierend: Hier wurde das Leben von Logik, Vernunft und empirischen Beweisen bestimmt. Das Mystische und Übernatürliche ist zwar faszinierend, wird aber oft nicht ernsthaft in Betracht gezogen. Ein aufschlussreiches Gespräch unterstrich diese Dichotomie. Ich sprach mit einer angesehenen Person, die mir das Konzept einiger Praktiken erklärte, bei denen die Seele eines Verstorbenen für Prophezeiungen verwendet wird. Diese Vorstellung, die mir zwar bizarr vorkam, war in Teilen Afrikas ein weit verbreiteter Glaube. Dort nutzten Hexendoktoren und Seher ihre spirituellen Einsichten, um Gemeinschaften zu leiten, ähnlich wie die Propheten von einst. Die Behauptung dieses Mannes, dass zeitgenössische Propheten oft die Seelen der Verstorbenen nutzten, um Ereignisse vorherzusagen, faszinierte und verblüffte mich. Er beschrieb, wie in bestimmten afrikanischen Traditionen die Geister der Toten durch Rituale und Beschwörungsformeln herbeigerufen werden und mit den Lebenden kommunizieren können. Diese Praxis war zwar zutiefst spirituell, aber von einer Aura des Mystizismus umhüllt, die sich einer logischen Erklärung entzog. Als ich in die Schweiz zurückkehrte, ging mir dieses Gespräch nicht mehr aus dem Kopf. Es veranlasste mich, in der Bibel nachzuschlagen, wo ich eine Parallele in der Geschichte von König Saul und der Hexe von Endor aus dem Buch Samuel fand. In dieser Geschichte verkleidete sich Saul, der verzweifelt nach Rat suchte, und suchte ein Medium auf, um den Geist des Propheten Samuel zu beschwören. Die Beschwörungsformeln des Mediums brachten den Geist Samuels hervor, der eine Prophezeiung aussprach, die sich schliesslich erfüllte. Diese biblische Erzählung entsprach den Geschichten, die ich in Afrika gehört hatte und deutete auf einen gemeinsamen Glauben an die Macht der geistigen Welt, die materielle Welt zu beeinflussen. Solche Geschichten verdeutlichen eine tiefe Wahrheit: Vieles an unserer Existenz bleibt geheimnisvoll und unerklärt. Die afrikanische Perspektive, die das Spirituelle einbezieht, bietet ein anderes Verständnis der Realität, das die unsichtbaren Kräfte, die im Spiel sind, anerkennt. Diese Sichtweise steht oft im Widerspruch zur europäischen Vorliebe für Logik und empirische Beweise. Beide schliessen sich jedoch nicht gegenseitig aus, sondern bieten komplementäre Wege zum Verständnis der Welt.

In Afrika ist der Glaube weit verbreitet, dass Gegenstände Geister in sich tragen können und dass bestimmte Personen die Macht besitzen, mit diesen Geistern in Kontakt zu treten. Diese spirituelle Weltanschauung prägt das tägliche Leben und die Praktiken. So ist es beispielsweise in vielen afrikanischen Kulturen üblich, vor dem Betreten einer Leichenhalle anzuklopfen, um die Anwesenheit der Verstorbenen zu anerkennen. Diese Bräuche, die dem europäischen Empfinden fremd sind, zeugen von einem tiefen Respekt vor der spirituellen Dimension des Lebens. Umgekehrt hat mich das Leben in Europa mit einer anderen Art von Glauben und Praktiken konfrontiert. Hier liegt der Schwerpunkt auf wissenschaftlicher Forschung und rationalem Denken. Konzepte wie Zauberei und Hexerei werden oft als Aberglaube abgetan. Dieser rationale Ansatz ist zwar wertvoll, übersieht aber manchmal den Reichtum der spirituellen Erfahrungen, die das Leben der Menschen prägen. Die Wechselwirkung zwischen Spiritualität und Logik wurde besonders deutlich in einer Diskussion über den menschlichen Geist und seine Auswirkungen auf die Umwelt. Ein Mentor von mir erklärte einmal, dass der menschliche Geist so mächtig ist, dass er den physischen Raum beeinflusst, den er bewohnt. Er wies darauf hin, dass ein bewohntes Haus, auch ohne ständige Reinigung, gut erhalten bleibt, während ein verlassenes Haus schnell verfällt und von der

Natur überwuchert wird. Diese Beobachtung deckte sich mit meinen eigenen Erfahrungen und bestätigte den Gedanken, dass unsere Anwesenheit, unser Geist, eine unauslöschliche Spur in der Welt um uns herum hinterlässt. Diese Wechselwirkung zwischen dem Geistigen und dem Körperlichen wird auch durch die Praxis der Organtransplantation veranschaulicht. Wenn ein Mensch stirbt, können seine Organe noch funktionieren, wenn sie in einen lebenden Körper transplantiert werden. Dieses Phänomen unterstreicht die Unterscheidung zwischen dem physischen Körper und der geistigen Essenz, die ihn belebt. Der Geist, die Lebenskraft, geht von uns, aber die Bestandteile des Körpers können den Lebenden weiterhin dienen. Diese Dualität ist eine starke Erinnerung an die komplexe und verflochtene Natur unserer Existenz. Wenn ich zwischen diesen beiden Welten hin- und herreise, bereichert mich die Vielfalt der Perspektiven. Die afrikanische Betonung der Spiritualität und der europäische Schwerpunkt auf der Logik bieten beide wertvolle Einblicke in die menschliche Existenz. Indem ich mich auf beide einlasse, habe ich gelernt, den Reichtum unserer gemeinsamen Menschlichkeit zu schätzen. Durch das Verstehen und Integrieren dieser unterschiedlichen Standpunkte können wir die ganze Komplexität des Lebens erfassen. Ich hoffe, dass ich mit diesen Überlegungen vermitteln kann, wie wichtig es ist, unterschiedliche Glaubenssysteme anzuerkennen und zu respektieren. Unabhängig davon, ob wir der Spiritualität oder der Logik zuneigen, ist es von entscheidender Bedeutung, für die Geheimnisse der Existenz offen zu bleiben. Unsere durch Kultur und Tradition geprägten Erfahrungen bieten einzigartige Wege zum Verständnis der Welt und unseres Platzes in ihr.

Letztlich hat mich meine Reise gelehrt, dass wir sowohl körperliche als auch geistige Wesen sind. Unser Leben ist ein Wandteppich, der aus den Fäden von Logik und Mystik, Vernunft und Glauben gewebt ist. Indem wir diese Dualität anerkennen und annehmen, können wir vollständiger und harmonischer leben und die Tiefe und Breite der menschlichen Erfahrung schätzen. Nehmen wir zum Beispiel eine Gesellschaft, in der Männern nicht beigebracht wird, Frauen zu respektieren. Eine solche Vernachlässigung führt zu Handlungen, die der Gesellschaft und dem Einzelnen Schaden zufügen und oft bleibende Narben hinterlassen, deren Heilung jahrelange Therapie erfordert. Ein tieferes spirituelles Verständnis der Menschheit kann unser Handeln prägen und unser Mitgefühl fördern. Das biblische Gebot «Du sollst deinen Nächsten lieben wie dich selbst» und «Du sollst den Herrn, deinen Gott, lieben» unterstreicht diesen Grundsatz. Wenn wir uns selbst wirklich lieben würden, würden wir anderen kein Leid zufügen, weil wir es selbst nicht ertragen wollen würden. Diese biblische Weisheit bietet einen moralischen Kompass für unser Verhalten.

In der heutigen Gesellschaft geben wir jedoch oft der Gier und dem materiellen Erfolg den Vorrang vor Menschlichkeit und Mitgefühl. Geld ist zum ultimativen Massstab für Erfolg geworden und überschattet die Bedeutung des Reichtums für das persönliche und gemeinschaftliche Wohlergehen. Damit soll nicht die Bedeutung des Geldes untergraben werden – es ist ein wichtiges Instrument –, sondern es soll betont werden, dass unser Streben nach Reichtum nicht auf Kosten von ethischem und mitfühlendem Verhalten gehen sollte. Die Botschaft, die ich mit meinem Buch vermitteln möchte, lautet, dass das Streben nach finanziellem Erfolg zwar wichtig ist, es aber ebenso wichtig ist, ihn auf die richtige Weise zu erreichen. Unser Handeln sollte unsere Gesellschaft und unsere Umwelt positiv beeinflussen und sicherstellen, dass unser Streben nach Reichtum den Menschen um uns herum nicht schadet. Wenn wir dieses Gleichgewicht wahren, können wir eine Gesellschaft schaffen, in der die Menschen friedlich und harmonisch leben. Wir müssen danach streben, eine Welt zu schaffen, in der unser Handeln von Empathie, Respekt und Verständnis geleitet wird. Auch wenn wir vielleicht nie alle gesellschaftlichen Missstände ausrotten können, so können wir doch auf ein Gleichgewicht hinarbeiten, das das Wohlergehen aller fördert. Auf diese Weise ehren wir die wahre Essenz der Menschlichkeit und der Spiritualität und fördern eine Welt, in der Liebe, Mitgefühl und Integrität vorherrschen. Diese ausgewogene Herangehensweise bereichert nicht nur unser Leben, sondern wirkt sich auch positiv auf das Leben der Menschen um uns herum aus und trägt zu einer gerechteren und harmonischeren Welt bei.

Schlussfolgerung

Eine der kraftvollsten und transformativsten Handlungen, die Sie auf Ihrer Lebensreise unternehmen können, ist die Verfolgung Ihrer Träume. Wenn Sie die Berufung Ihres Lebens annehmen, bereichern Sie nicht nur Ihre eigene Existenz, sondern bringen auch Licht und Inspiration in die Welt um Sie herum. Zum Abschluss meiner Überlegungen in *Der Schwarze in der weissen Welt* möchte ich betonen, wie wichtig es ist, seinen Träumen zu folgen und wie dies zu einem besseren, erfüllteren Leben führen kann. Der Weg zur Verwirklichung Ihrer Träume ist nicht immer klar oder einfach. Er ist oft mit Hindernissen, Zweifeln und Ungewissheiten behaftet. Dennoch sind es gerade diese Herausforderungen, die uns formen und definieren und uns dazu bringen, zu wachsen und uns weiterzuentwickeln. Wenn Sie sich auf Ihre Träume einlassen, begeben Sie sich auf eine Reise der Selbstentdeckung und Ermächtigung, die Potenziale freisetzt, von denen Sie nie wussten, dass sie existieren. Im Laufe meines Lebens bin ich zahlreichen Menschen begegnet, deren Geschichten die transformative Kraft unterstreichen, die das Verfolgen der eigenen Träume hat. Von den belebten Strassen Doualas bis zu den ruhigen Landschaften der Schweiz habe ich erlebt, wie Entschlossenheit und Leidenschaft Menschen zu aussergewöhnlichen Höhenflügen verhelfen können. Diese Erfahrungen haben mich gelehrt, dass kein Traum zu gross und kein Ziel zu weit hergeholt ist, wenn man bereit ist, hart zu arbeiten und seiner Vision treu zu bleiben.

Ein ergreifendes Beispiel kommt mir in den Sinn. Ein Freund von mir, Lawrence Zigi, der aus den kleinen Dörfern Ghanas zu einem der besten Torhüter in der Schweizer Super League aufstieg. Sein Weg von Ghana nach Österreich, Frankreich und schliesslich zum FC St. Gallen, wo er von den Fans verehrt wird, ist ein Beispiel für die Kraft, Träume gegen alle Widerstände zu verfolgen. Um seine Träume zu verwirklichen, braucht man mehr als nur Leidenschaft; man muss fest an sich und seine Vision glauben. Man muss aus seiner Komfortzone heraustreten, Risiken eingehen und manchmal auch scheitern. Aber denken Sie daran, dass Scheitern nicht das Gegenteil von Erfolg ist; es ist ein wichtiger Teil der Reise. Aus jedem Rückschlag können Sie wertvolle Lehren ziehen und Ihrem Ziel einen Schritt näherkommen. Nehmen Sie diese Momente als Chance für Wachstum und Verbesserung wahr. In meinem eigenen Leben habe ich mich zahlreichen Herausforderungen gestellt, als ich mich in verschiedenen Kulturen und

Umgebungen zurechtfand. Als Afrikaner, der in Europa lebt, musste ich verschiedene Weltanschauungen miteinander in Einklang bringen und mich an neue gesellschaftliche Normen anpassen. Diese Reise war nicht immer einfach, aber sie war unglaublich lohnend. Sie hat mich gelehrt, wie wichtig es ist, belastbar und anpassungsfähig zu sein und eine klare Vorstellung von meinen Träumen zu haben. Eine wichtige Lektion, die ich gelernt habe, ist die Macht der Gemeinschaft und der Unterstützung. Umgeben Sie sich mit Menschen, die an Ihre Träume glauben und bereit sind, Sie durch dick und dünn zu unterstützen. Diese Menschen werden Ihre Stützen sein, die Sie ermutigen und führen, wenn Sie es am meisten brauchen. Hüten Sie sich dagegen vor denen, die Zweifel haben oder Ihre Ambitionen untergraben. Ihre Negativität kann Ihre Energie aufzehren und Ihren Fortschritt zunichtemachen.

Ein weiterer wichtiger Aspekt bei der Verfolgung Ihrer Träume ist, offen für neue Erfahrungen und Lernmöglichkeiten zu sein. Die Welt ist voller Wissen und Inspiration und wartet darauf, entdeckt zu werden. Ob durch formale Bildung, Reisen oder einfach durch die Auseinandersetzung mit anderen Kulturen und Perspektiven – versuchen Sie stets, Ihren Horizont zu erweitern. Diese Offenheit wird nicht nur Ihr persönliches Wachstum bereichern, sondern auch Ihre Kreativität und Innovation beflügeln. Wenn ich über meine Reise nachdenke, fallen mir die Worte von Nelson Mandela ein: «Es gibt keine Leidenschaft, die man finden kann, wenn man sich mit einem Leben begnügt, das weniger ist als das, zu dem man fähig ist.» Diese Worte haben mich zutiefst berührt, da sie das Wesentliche des Verfolgens der eigenen Träume auf den Punkt bringen. Sich klein zu machen, bedeutet, sich selbst die Möglichkeit zu verwehren, sein Potenzial voll auszuschöpfen und einen sinnvollen Beitrag zur Welt zu leisten.

Im Kontext von *Der Schwarze in der weissen Welt* bekommt das Verfolgen von Träumen eine noch tiefere Bedeutung. Es geht darum, Barrieren zu überwinden und Stereotypen zu trotzen und zu beweisen, dass Exzellenz keine Farbe oder Nationalität kennt. Es geht darum, der Welt zu zeigen, dass Talent, Leidenschaft und Entschlossenheit aus jeder Ecke der Welt kommen können und dass wahrer Erfolg an der Wirkung gemessen wird, die man erzielt und an den Leben, die man berührt.

Abschliessend möchte ich Sie auffordern, Ihre Träume mit Mut und Überzeugung zu verwirklichen. Machen Sie sich klar, dass der Weg nicht immer glatt sein wird, aber jede Herausforderung, der Sie sich stellen, wird Sie zu einem stärkeren, weiseren und fähigeren Menschen machen. Ihre Träume sind der Kompass, der

Ihnen den Weg zu Ihrer wahren Berufung weist und Sie zu einem Leben voller Erfüllung und Sinn führt. Indem Sie der Berufung Ihres Lebens folgen, verbessern Sie nicht nur Ihre eigene Existenz, sondern inspirieren auch andere, ihre Träume zu verfolgen. Ihre Reise wird zu einem Leuchtfeuer der Hoffnung, das zeigt, dass mit Leidenschaft, Ausdauer und einer unterstützenden Gemeinschaft alles möglich ist. Je besser Ihr Leben wird, wenn Sie sich auf Ihre wahre Berufung ausrichten, desto mehr positive Veränderungen können Sie in die Welt bringen.

Wenn wir dieses Kapitel abschliessen, denken Sie daran, dass Ihre Träume gerechtfertigt sind und es sich lohnt, sie zu verfolgen. Nehmen Sie sie von ganzem Herzen an, denn sie sind die Saat für Ihre Zukunft. Pflegen Sie sie mit harter Arbeit, Widerstandsfähigkeit und einem unnachgiebigen Glauben an sich selbst. Auf diese Weise werden Sie ein Leben schaffen, das nicht nur besser für Sie selbst, sondern auch reicher für Ihre Mitmenschen ist. Träumen Sie gross, arbeiten Sie hart und lassen Sie Ihr Licht in der Welt hell erstrahlen.

Schlussbemerkung

Um diese Reise auf unterhaltsame Weise abzuschliessen, möchte ich Ihnen eine Frage stellen:

Welcher Teil meines Körpers durfte monatelang nicht mit Wasser berührt werden?

Die ersten drei Personen, die diese Frage richtig beantworten, erhalten ein Gratisexemplar von *Der Schwarze in der weissen Welt*.

Viel Glück!

Eine Danksagung

Ich möchte mich auch bei Männern bedanken, die mein Leben in einer Weise geprägt haben, die ich mir nicht vorstellen kann – grossartige Mentoren wie Prophet Uebert Angel, Johnson Suleman, Pastor Chris Oyakhilome, Apostel Michael Orokpo, Apostel Arome Osayi, Bischof Jakes, Emmanuel Makadiwa und viele andere – ohne ihre Weisheit, ihre Gebete und ihre Lehren würden Menschen wie wir niemals dorthin gelangen, wo wir heute sind. Ich ermutige die meisten von Ihnen, die dieses Buch lesen, auf Männer wie sie zu hören und einen Mentor ihrer Art und ihres Kalibers zu finden.

Jedes Exemplar, das Sie kaufen, trägt dazu bei, Waisenhäuser in Afrika und auf der ganzen Welt zu unterstützen. Gemeinsam können wir etwas bewirken.